# NATATION FRANÇAISE
# **CE RÊVE D'OR**

Édition placée sous la direction
de Jonathan Cohen
et de Louis Delvinquière

Vous pouvez consulter notre catalogue général
et l'annonce de nos prochaines parutions sur
notre site : www.lisez.com/editeurs/cherche-midi


92, avenue de France
75013 Paris
info@lisez.com

Édition : Nathalie Courtois
Graphisme : Sandra Thivin Vanelslande
Fabrication : Axelle Hosten, Julie Cohn
Dépôt légal : novembre 2025
ISBN : 978-2-7491-8414-2

Avec les contributions de
Léon Marchand et Florent Manaudou

# NATATION FRANÇAISE
# **CE RÊVE D'OR**

Préface de Tony Estanguet

# « UNE DÉCENNIE À PART »

« QUAND LÉON MARCHAND A FAIT CRIER 60 MILLIONS DE FRANÇAIS EN RYTHME À CHAQUE FOIS QU'IL SORTAIT LA TÊTE DE L'EAU EN BRASSE, CE SONT DES MILLIERS D'ENFANTS QUI ONT EU ENVIE DE POUSSER LA PORTE D'UN CLUB DE NATATION. »

2014–2024. Dix ans. C'est le temps qu'il a fallu pour construire le projet Paris 2024, des prémices de la candidature à la célébration du plus grand événement du monde, en passant par chaque étape indispensable à l'organisation de Jeux uniques.
2014–2024. Une décennie à part dans l'histoire olympique et paralympique française, mais qui résonne aussi de manière particulière pour la natation, entre clôture d'une ère glorieuse notamment portée par Camille Lacourt, Camille Muffat ou Fabien Gilot, confirmation de Florent Manaudou après son exploit à Londres en 2012 et montée en puissance de futurs très grands. Dix années de reconstruction et d'accompagnement au plus près des athlètes, pour un final en apothéose, aux Jeux de Paris 2024.
Avec quatre médailles d'or, sur un total de sept médailles, la natation française a été le sport olympique le plus pourvoyeur de Marseillaises à Paris. Surtout, les nageuses et nageurs nous ont offert des émotions pour l'éternité. Les plus de 15 000 spectateurs dans les tribunes d'un Paris La Défense Arena incandescent, les 14,5 millions de Français devant leur écran de télévision – record absolu en France pour une compétition olympique –, mais aussi les centaines de millions de fans dans le monde entier garderont pour toujours en mémoire la folle remontée de Léon Marchand pour s'offrir le sacre sur 200 m papillon. Un moment unique que nous avons eu la chance de vivre à quatre reprises avec Léon, mais également lors de la médaille d'argent d'Anastasiia Kirpichnikova et pour celles en bronze de Florent Manaudou et du relais masculin.
Ces succès ont de nouveau été au rendez-vous lors des championnats du monde 2025 à Singapour. Avec huit médailles, dont quatre en or, l'équipe de France a confirmé son statut de grande nation de la natation mondiale et nous a offert de beaux moments de joie et d'émotion.
Merci pour ces instants si précieux de bonheur et de rassemblement, et surtout un immense bravo à toutes et tous !
Mais la force de ces émotions, c'est aussi de laisser une trace. À Paris, quand Léon Marchand a fait crier 60 millions de Français en rythme à chaque fois qu'il sortait la tête de l'eau en brasse, ce sont des milliers d'enfants qui ont eu envie de pousser la porte d'un club de natation.
C'est aussi cela la magie des Jeux : inviter au dépassement, donner envie de pratiquer du sport et créer des vocations. Ainsi, nous pouvons nous réjouir de la hausse du nombre de licenciés à la Fédération française de natation pour la rentrée 2024-2025, mais aussi d'avoir, dès le début du projet, travaillé ensemble pour anticiper et construire l'héritage des Jeux.
Ainsi, les Jeux de Paris 2024 ont permis de rénover ou de créer cinq nouveaux centres aquatiques [pour un total de 18 bassins créés, rénovés ou légués], dont l'emblématique Centre aquatique olympique qui a vu le jour à Saint-Denis. Site phare des épreuves de natation artistique, de plongeon et de water-polo pendant les Jeux, il accueille désormais des milliers de pratiquants toute l'année. Et c'est dans cette très belle enceinte que se dérouleront les futures compétitions nationales et internationales, à l'image des championnats d'Europe d'août 2026, qu'on a déjà hâte de vivre.
Cet événement sera à n'en pas douter une réussite grâce à l'engagement de tout l'écosystème de la natation française et aux nombreux bénévoles qui répondront une nouvelle fois présents.
Un très grand bravo et merci aux milliers de clubs, entraîneurs et bénévoles pour leur investissement quotidien au service du développement du sport, et bien sûr aux athlètes pour les émotions uniques qu'ils nous font vivre.
Bon plongeon dans cette épopée de dix ans à la [re]découverte des plus beaux succès de la natation française !

**Tony Estanguet**
Triple champion olympique
Président du Comité d'organisation de Paris 2024
Membre du Comité international olympique

# « GÉNÉRATEURS D'ÉMOTIONS »

De Berlin 2014, où j'ai remporté quatre titres européens, à Paris 2024, où j'ai décroché deux nouvelles médailles olympiques, la décennie qui vient de s'écouler fut particulièrement riche sur le plan personnel et collectif. Dix ans de partage, de compétitions internationales, de doutes, de certitudes, de défaites et de victoires. De remises en question et de nouveaux défis pour continuer à avancer. Toujours. Entouré de mon staff, de mes proches et de tous ceux qui n'ont cessé de me soutenir et de m'encourager. Au-delà des podiums et des récompenses, ce chemin m'a rappelé que rien ne se construit seul. Les gens ont tendance à retenir les médailles, la performance à un instant précis. Mais ce qui me rend extrêmement fier, c'est davantage la quête, tout ce qui a été mis en place pour me montrer sous mon meilleur jour lorsque cela comptait vraiment.

Se réinventer pour durer. Je n'ai pas encore tout à fait conscience de cette longévité au plus haut niveau et je pense qu'il sera temps de dresser le bilan de tout cela lorsque je me retirerai des bassins. Mais je suis bien conscient qu'il m'a fallu trouver des choses différentes, à chaque olympiade, pour poursuivre ma carrière avec entrain. Partir en Turquie lors de mon retour dans les bassins en 2019, m'installer à Antibes avec Quentin Coton et le soutien de James Gibson, mes deux entraîneurs, pour préparer les Jeux olympiques de Paris. Mettre le plaisir et le bonheur au centre du projet en m'entourant des personnes que j'avais choisies. C'est ce qui m'a permis, sans l'ombre d'un doute, de traverser toutes ces années et d'être performant lorsque je le voulais.

> « LA NATATION FRANÇAISE A LA CHANCE DE DISPOSER D'UNE NOUVELLE GÉNÉRATION EXCEPTIONNELLE »

De 2014 à 2024, j'ai connu deux générations en équipe de France. Celle des Fabien Gilot, Frédérick Bousquet ou encore Camille Lacourt, mes coéquipiers au Cercle des nageurs de Marseille pendant des années. Avec eux, j'ai partagé de nombreuses victoires, j'ai connu la magie des relais. Face aux Américains et aux Australiens, nous n'avions plus ce sentiment d'infériorité. Nous étions Français, mais nous pouvions gagner. Nous aussi. Cet état d'esprit, c'est ce que nous avons, je pense, réussi à transmettre à la nouvelle génération. Celle des Léon Marchand, Maxime Grousset, Yohann Ndoye Brouard ou encore Mewen Tomac. Depuis leur arrivée en équipe de France, ils ne nourrissent aucun complexe face aux plus grandes nations de notre sport. Ils savent qu'ils peuvent s'imposer. Ils l'ont vu de leurs propres yeux.

Lorsque j'ai repris le fil de ma carrière de nageur en 2019, j'ai rencontré Léon Marchand. Un jeune nageur prometteur qui venait de remporter son premier titre de champion de France sur 200 m papillon à Rennes et qui a intégré l'équipe de France pour la première fois lors des championnats d'Europe de Glasgow en petit bassin. Je le connaissais depuis qu'il était tout petit parce que j'avais la chance de côtoyer son père Xavier, dont j'avais des posters dans ma chambre d'enfant. Je me souviens particulièrement bien de l'avoir félicité après sa première victoire sur la scène nationale. Encore plus qu'aujourd'hui, il était timide et assez impressionné. À cet instant précis, il était impossible de deviner qu'il allait devenir l'extraterrestre qu'il est aujourd'hui. À Glasgow, en 2019, j'étais le doyen de cette équipe de France et j'avais à cœur de transmettre mon expérience et de passer le flambeau à tous ces nageurs de talent. J'ai pris sous mon aile le jeune Léon et nous avons partagé un très beau moment.

Le partage, toujours. Comme un fil rouge de ma carrière. La natation est, certes, un sport individuel, mais je n'ai jamais imaginé vivre toutes ces émotions sans pouvoir les partager avec mes proches, ma famille et le public. Sans doute en raison de ma passion pour les sports collectifs. Ce n'est pas anodin si, encore aujourd'hui, mon meilleur souvenir en compétition est la victoire avec le relais 4 x 100 m nage libre aux championnats du monde de Barcelone en 2013. Un moment hors du temps. Et comment ne pas évoquer les Jeux olympiques de Paris ? Le souvenir est encore récent, les émotions bien présentes. En portant le drapeau tricolore sur la Seine lors de la cérémonie d'ouverture, j'ai coché toutes les cases que je souhaitais dans ma vie de sportif de haut niveau. Cela m'a galvanisé et rempli d'énergie. Certes, j'ai encore réussi à remporter une médaille aux Jeux olympiques, mais cela est presque anecdotique. Parce que l'amour que vous m'avez donné, le sourire que j'ai eu avant la course, le plaisir que j'ai eu à vivre ces instants et ce clapping avant la finale du 50 m nage libre m'auraient largement suffi. Nous, sportifs de haut niveau, avons un rôle extraordinaire. Celui de générateurs d'émotions. C'est une chance inouïe de pouvoir rendre les gens heureux. De voir vos sourires, d'entendre vos mots.

De 2014 à 2024, j'ai vécu des moments magiques avec ces différentes équipes de France de natation. Je n'oublie aucune compétition, aucun coéquipier. La natation française a la chance de disposer d'une nouvelle génération exceptionnelle portée par une tête d'affiche fabuleuse. Je suis fier de faire partie de cette équipe et d'avoir eu ce rôle de capitaine.

Les photos de ce livre nous montrent des moments d'histoire. La nôtre. Celle de l'équipe de France de natation. Mais ces émotions, ce sont également les vôtres. Car sans votre soutien, rien de tout cela n'aurait été si beau. J'espère que vous aurez plaisir à vous replonger dans ces dix années fantastiques.

**Florent Manaudou**

# UN CHANG 2014-2017

Depuis son sacre olympique à Londres en 2012, le relais 4 x 100 m nage libre tricolore enchaîne les victoires. Toujours emmené par son capitaine emblématique Fabien Gilot, ce quatuor remporte tous les titres possibles. Jusqu'au 7 août 2016. En arrivant au Brésil, les Bleus sont logiquement considérés comme les favoris à leur propre succession. Mais les Américains, portés par un Michael Phelps stratosphérique et le jeune Caeleb Dressel, empêchent les Français de boucler l'olympiade invaincus. Mehdy Metella, Fabien Gilot, Florent Manaudou et Jérémy Stravius doivent se contenter de l'argent. Pour Gilot, qui a été de toutes les batailles des relais, cette médaille au goût amer sera la dernière de son incroyable carrière. Dans son sillage, c'est toute une partie de la génération dorée qui tire sa révérence. Grégory Mallet, Frédérick Bousquet ou encore Coralie Balmy quittent les bassins à l'issue des Jeux brésiliens. L'année suivante à Budapest, Camille Lacourt, l'un des derniers rescapés de l'âge d'or de la natation tricolore, décrochera son dernier titre de champion du monde sur son 50 m dos. Incontestablement la fin d'une ère.

# EMENT D'ÈRE

FRA
GILOT
nabaiji

# « POUR GAGNER, IL FAUT TROIS ATHLÈTES DE TRÈS HAUT NIVEAU ET UN SUPERMAN »

Médaillé de bronze avec le relais 4 x 100 m nage libre aux Mondiaux de Barcelone en 2003, Fabien Gilot a été de toutes les épopées de l'équipe de France jusqu'aux Jeux olympiques de Rio en 2016. Capitaine des Bleus et meneur d'hommes de talent, le Nordiste a transformé la natation en un véritable sport collectif en réussissant à créer une symbiose entre tous les membres du relais. Pendant plus de dix ans, les nageurs se sont succédé pour représenter l'équipe de France, mais Fabien Gilot a toujours conservé sa place. Champion olympique en 2012, champion du monde en 2013 et 2015, et champion d'Europe en 2014 et 2016, il a tout gagné avec cette équipe de France qu'il chérit tant.

**Fabien, vous avez été le capitaine emblématique de cette équipe de France. Comment appréhendiez-vous ce rôle ?**

En 2008, nous étions davantage une addition d'individualités qu'une équipe. Il n'y avait pas de capitaine en équipe de France et aucune élection n'avait été organisée. J'ai très vite eu l'envie d'endosser ce rôle. Est-ce lié à mon éducation du nord de la France ? À ma place dans une fratrie de trois garçons ? Au water-polo que je pratiquais avec passion ? Je ne sais pas si c'est parce que je suis empathique, en tout cas, ce qui est sûr, c'est que j'adore la nature humaine. J'adore l'Homme, avec ses horreurs et ses beautés. Cela m'a toujours plu de comprendre le côté psychologique des gens. Aujourd'hui, je suis encore animé par les sciences humaines et les études comportementales. Tu peux être le plus fort du monde dans ton domaine, si tu ne sais pas t'entourer, c'est invivable. En 2008, nous avons commencé à rêver avec le relais 4 x 100 m nage libre. Cette année-là, aux Jeux olympiques de Pékin, nous prenons la deuxième place derrière les Américains pour quelques centièmes. Nous avions les moyens de l'emporter. Il a juste manqué d'une âme et d'une équipe.

Le drapeau, nous l'aimions tous, mais il n'était pas assez fort. Après cela, quelque chose a changé. Nous, les nageurs, étions maîtres de notre projet et souhaitions créer quelque chose de plus, de différent. Le staff nous laissait choisir les compositions des relais. Le projet n'était pas de figurer parmi les quatre finalistes, mais de battre les États-Unis. Et encore plus ceux de Michael Phelps. Il y a eu un renouveau dans l'équipe, je tenais mon rôle de capitaine, mais je ne mesurais pas l'impact que j'avais sur les garçons. Je le découvrais vraiment en lisant la presse. J'aimais cette équipe, j'aimais la représenter au plus haut niveau et je m'entendais bien avec la direction en place. On gagnait ou on mourait ensemble. C'est ce qui m'a plu.

**Quels ressorts utilisiez-vous pour motiver vos partenaires ?**
Je me suis dit : « Donne de l'énergie aux trois autres finalistes, si tu fais partie des quatre, parce que mieux vaut, toi, perdre quatre dixièmes sur ta course individuelle, mais si tu en fais gagner aux trois autres, mathématiquement, le relais sera plus fort. » La question était de savoir comment j'allais m'y prendre pour permettre aux autres de gagner trois-quatre dixièmes, quitte à ce que je perde un peu d'énergie. Pour cela, je me suis intéressé à eux, leur vie personnelle, ce qui les animait. Je pense que j'étais assez exemplaire en tant qu'athlète : j'avais une bonne hygiène alimentaire, j'optimisais tous les paramètres. Ma relation avec les athlètes a toujours été très fluide. J'ai également été présent pour eux à des moments clés, quand ils étaient en difficulté. J'avais toujours le petit mot, le petit moment avec eux. Une de mes plus belles récompenses, et pour moi cela vaut une médaille, c'est quand Claude Onesta [ancien sélectionneur de l'équipe de France de handball] m'a dit : « Félicitations, tu as transformé la natation, parce qu'aujourd'hui on regarde ce sport pour voir les relais et peut être un peu moins pour les courses individuelles. » On s'amusait avec les handballeurs. Quand ils gagnaient, on voulait y parvenir également. Gagner une fois c'est bien, mais si on veut entrer dans l'Histoire, il faut y parvenir plusieurs fois. Rester invaincu durant pratiquement quatre ans, comme nous l'avons fait avec ce relais 4 x 100 m, c'est exceptionnel. La mayonnaise a pris, je pense, pour une raison très simple, c'est que j'ai fait en sorte de casser l'ego des athlètes. C'est-à-dire que le maillot bleu blanc rouge était plus important que Marseille, Antibes ou Toulouse.

**On a souvent entendu vos coéquipiers dire que vous aviez parfaitement analysé les forces et faiblesses des adversaires et que vous les portiez vers la victoire. D'où vous venait cette science ?**
La stratégie, c'est quelque chose qui me fascine dans le sport. J'essayais de comprendre nos adversaires australiens et américains : leurs réussites et leurs échecs, sportifs et personnels, scolaires, sociétaux, familiaux, connaître leurs blessures, mais aussi l'ordre de leur relais. Le staff, et notamment Romain [Barnier], nous portait une confiance incroyable. Nous nous réunissions pour désigner les quatre nageurs et l'ordre de notre relais. Ensuite, Romain donnait sa validation. C'est arrivé que nous changions notre ordre, mais pas les nageurs. Cela responsabilise les athlètes. Dans un relais, certains nagent plus vite le matin, mais préfèrent laisser leur place le soir parce qu'ils sont convaincus qu'ils n'ont pas mieux à donner et que cela sera bénéfique pour l'équipe.

**Quelle était votre stratégie pour établir l'ordre du relais ?**
Notre ordre était stratégique. Poste 1, nous mettions un garçon qui sait nager avec une eau qui ne bouge pas beaucoup. Il ne faut pas y mettre ton point fort pour emmener les autres. Poste 2 et 3, ce sont des « brise-vagues » : typiquement Gilot-Manaudou. Et poste 4, le bassin commence vraiment à bouger, donc il faut un gros finisseur et on avait un gars qui était bon sous l'eau, qui passait sous la dernière vague et qui te permettait de gagner cinq centièmes : Jérémy Stravius. Tu as aussi des athlètes qui sont meilleurs en début de relais selon l'ambiance. Personnellement, je préférais être troisième ou quatrième. Cela me laissait le temps d'analyser la course et de m'imprégner de l'ambiance. Ensuite, j'avais envie de plonger et d'en découdre.

**Quel genre de capitaine étiez-vous ?**
J'aimais bien faire en sorte que les garçons soient heureux et ne se jalousent pas. J'ai également tenu à mettre en garde les nageurs sur ce qu'ils pouvaient lire dans la presse. À cette époque, nous étions nombreux et il était simple d'écrire que les relations étaient tendues entre nous. Il n'était pas difficile d'essayer de nous monter les uns contre les autres. Et c'était peut-être le problème de 2008 où il y avait trop de dissensions à cause de ce qui se disait dans la presse. De mon côté, j'ai tenté de balayer tout cela en disant : « C'est soit on bosse ensemble et on a une chance, soit on fait tous nos têtes de mules et on ne s'en sortira pas. » J'ai eu la chance de rencontrer des athlètes qui ont suivi tout de suite. Il n'y a jamais eu quelqu'un qui s'est opposé à cela, ça a été assez facile.

**Quels étaient vos mots pour toujours motiver vos coéquipiers ?**
La causerie servait principalement à banaliser la situation au maximum. Je ne voulais pas qu'il y ait du combat entre nous. Nous devions arriver derrière le plot en étant le moins crispés possible parce que sur un 100 m, il est primordial d'être explosif tout en étant relâché. Cet équilibre est particulièrement difficile à trouver. La notion de plaisir était au cœur de mon message. Les Américains ont tendance à dire « *Have fun* [prends du plaisir] », alors qu'en France, on se tape sur l'épaule et on ressent toute la mauvaise pression. Comprendre cela permet d'aborder plus sereinement le passage en chambre d'appel. Avant une course, nous entrons dans une pièce avec tous les autres nageurs des différentes nations. Ils sont musclés, mesurent entre 1,90 m et 2 m et de notre côté nous devons montrer que nous n'avons pas peur, que nous sommes à notre place. C'était important pour moi de montrer que la France était devenue une grande nation. Nous n'avions

TYR

pas à rougir parce que nos nageurs étaient talentueux. Une fois que nous l'avions intégré, c'était plus naturel. Nous savions qu'en jouant parfaitement notre partition, nous avions de grandes chances de nous imposer. Après nos premières médailles, nous regardions les Américains dans les yeux en chambre d'appel. On s'asseyait à côté d'eux pour marquer notre territoire. On ne parlait pas, mais on était là pour en découdre. À un moment, il s'est créé aussi un truc assez incroyable, c'est que personne ne voulait décevoir l'équipe. Et quand tu ne veux plus décevoir, qu'on t'a responsabilisé, crédibilisé sur l'ordre du relais, qu'il y a une entente et que tu n'as que des grands autour de toi, ça change beaucoup de choses dans la manière d'aborder la course. Je m'adressais à eux en m'adaptant à leurs personnalités. Certains avaient besoin que je leur parle bien à l'avance, d'autres comme Mehdy [Metella] ou Florent [Manaudou] sont des gladiateurs, donc je leur murmurais à l'oreille derrière le plot encore. William [Meynard] était comme ça aussi. Il fallait presque l'insulter avant la course. Un Jérémy [Stravius], tu vas lui dire « Allez, vole, glisse, amuse-toi. » Florent dit qu'il était fier, qu'il voulait rentrer dans ce 4 x 100 m et il a une préférence pour ses victoires en relais. C'est le plus beau des cadeaux. En termes d'émotion, le relais de Barcelone [en 2013] reste le plus fort.

**En 2014, vous vous imposez aux championnats d'Europe de Berlin et aux Mondiaux de Doha. N'est-ce pas difficile d'être favoris et de devoir confirmer à chaque sortie ?**

La pression montait, les médias étaient forts pour ajouter de la dramaturgie dans ce duel entre Français et Américains, parce que c'est vendeur, c'est fabuleux. Mais nous étions particulièrement attentifs à nos propos dans la presse. Nous ne manquions pas de respect aux adversaires, restions toujours humbles. On était habités par quelque chose d'autre, une cohésion d'équipe. Au bout d'un moment, les autres nous craignaient, ils avaient un doute. Ce qui les a fait réfléchir, c'est qu'ils n'étaient plus aussi hégémoniques qu'avant et ils comprenaient que nous n'avions plus peur d'eux.

**Après des années à chercher la bonne formule en individuel, vous prenez la deuxième place du 100 m nage libre à Berlin derrière Florent Manaudou. Quelle place a cette médaille par rapport à celles du relais ?**

Elle est belle parce qu'en individuel, je n'avais jamais rien gagné même si j'avais été vice-champion du monde du 100 m nage libre en petit bassin derrière Cesar Cielo en 2010. En 2014, à Berlin, les Italiens et les Russes étaient très forts. À ce moment, les Euro étaient à l'image du handball, quasiment aussi difficiles que les Mondiaux. Le fait de réussir ce doublé avec Florent [Manaudou] a permis d'asseoir un peu plus la dynastie tricolore. Pardon de l'expression, c'est un peu arrogant, mais on était intouchables. Avec Florent, on s'est entraînés à deux, donc c'est génial de partager ce podium.

**Comment expliquez-vous vos différences de performances entre l'individuel et le relais ?**

Mes temps en relais ont toujours été meilleurs que mes temps en individuel, parce que j'étais un garçon taillé pour le collectif. Au water-polo, j'étais gaucher, je jouais sur l'aile droite et j'étais à un poste important. J'ai travaillé là-dessus en préparation mentale et ça ne réveillait pas les mêmes choses quand je ne nageais que pour moi. Je ne me transcendais pas de la même manière. Comme je l'ai dit, j'adorais motiver les autres, réveiller l'animal qu'ils avaient en eux. Parfois, nous n'étions pas les plus forts sur le papier, mais nous étions les plus pertinents au moment le plus important. C'est en cela que le sport est beau et c'est ce qui me galvanise.

**En 2015, vous conservez votre titre mondial avec le relais et vous semblez sur la voie royale pour remporter de nouveau l'or olympique à Rio. Est-ce également ce que vous ressentez sur le moment ?**

Cela n'a pas été facile de s'imposer aux Mondiaux de Kazan parce que les Russes étaient très forts et Vladimir Poutine était dans les gradins pour assister à la finale du 4 x 100 m nage libre. Ils avaient une immense pression sur les épaules. Je me suis transformé sur ce relais, j'étais survolté. Je suis face à Vladimir Morozov et si je ne le contre pas, nous n'avons aucune chance.

**À Kazan, vous laissez entendre que vous disputez vos derniers Mondiaux. À quel moment avez-vous pris la décision d'arrêter après Rio ?**

J'avais 32 ans, mon corps était en train de me dire stop. Cela faisait déjà deux ans que je luttais pour garder mon niveau. Je n'avais plus de perspective de progression. D'avoir conservé ma place parmi tous les petits génies qui arrivaient, c'était déjà une grande fierté.

**Comment expliquez-vous la déception de Rio et cette médaille d'argent derrière les États-Unis ?**

Le 4 x 100 m a souvent été révélateur d'une grande semaine française. Quand on s'imposait la première journée, c'était parti. Malheureusement, Rio n'a pas été une grande semaine. Sur cette édition, les Américains ont été plus forts. C'est peut-être l'année où l'ordre de relais n'était pas le bon. C'est aussi l'année où Clément [Mignon] réalise une magnifique saison, mais ce jour-là, il n'est pas bien. Il est à côté le matin, il ne le sent pas, il me dit même : « Vous serez plus forts sans moi ce soir. » Les cartes sont rebattues à cet instant et nos plans s'en trouvent bouleversés. En 2016, j'ai dû recevoir une infiltration à l'épaule et j'étais au meilleur de ma forme une semaine trop tôt. C'est un grand regret à titre personnel. Comme j'ai été blessé, on a ralenti l'entraînement, je suis rentré de stage et on a repris les trois dernières semaines. Sur notre dernière préparation au Brésil, j'étais en pleine forme. Et au fur et à mesure, c'est descendu. Pour être tout à fait honnête, je ne pensais même pas disputer la finale. Finalement, j'y étais, je n'ai pas été moins fort, mais il a manqué quelque chose ce jour-là. Il y a de la déception, parce que ça ne se joue pas à grand-chose et on déteste perdre. On s'était habitués à gagner et au Brésil, Michael Phelps est revenu avec les États-Unis et l'a emporté de nouveau.

**On savait qu'après les Jeux brésiliens, de nombreux nageurs tricolores prendraient leur retraite. C'était la fin d'une époque et d'un certain âge d'or de la natation française. En tant que capitaine, avez-vous essayé d'anticiper cela et de transmettre aux plus jeunes ?**
Je ne sais pas si c'est de mon fait, mais ce qui est resté, je pense, c'est une certaine fierté d'être « Bleus. » Je l'ai ressentie avec la génération actuelle. Les jeunes arrivaient, on les côtoyait sur les compétitions secondaires. Eux sont arrivés à une période où ils nous voyaient gagner et ils se disaient qu'en travaillant bien, ils pouvaient également y arriver. C'est ce qu'on a réellement transmis.

**De nombreux nageurs français partent s'entraîner aux États-Unis et évoquent l'esprit d'équipe qui les anime là-bas. Pensez-vous que le modèle du Cercle des nageurs de Marseille de votre époque est encore transposable ailleurs en France ?**
Je ne sais pas si nous avons perdu cet état d'esprit. Je pense qu'il surgit lorsqu'un groupe est composé de plusieurs athlètes de très haut niveau qui se tirent tous vers le haut. Ceux qui s'entraînent aujourd'hui à Marseille font comme nous, ils sont assidus et travaillent bien. Mais ils ne sont peut-être pas nés avec ce petit truc en plus. Ça ne tient à rien, mais on avait sans doute quelque chose de différent, il y avait ce cercle vertueux qui poussait tout le monde à progresser et je pense sincèrement qu'on a obtenu de meilleurs résultats que si nous nous étions entraînés chacun de notre côté. Dans notre génération,

OMEG

d'un Manaudou à l'autre, de Laure à Florent, tout le monde a été médaillé en individuel. Les Bernard, Muffat, Meynard, Leveaux, Lacourt, Stravius, Balmy, Bousquet. Il y avait une dynamique incroyable notamment chez les Marseillais. Cette équipe était saine et s'est permis de rêver. On ne se jalousait pas et on s'inspirait les uns des autres. Si je ne gagnais pas en individuel, j'étais content que ce soit un Français parce que cela nourrissait le relais et la crédibilité de la France. Il y avait un soutien et un sourire. Dès qu'il y avait une occasion de médaille, tout le monde venait voir la course pour prendre de l'énergie.

**À quel point le collectif est-il important dans un sport individuel ?**

On s'est assez vite rendu compte que lorsque la semaine débutait bien avec des titres, la dynamique était incroyable ensuite. À notre époque, c'était grâce au relais, maintenant c'est avec le 400 m 4 nages de Léon [Marchand]. L'équipe se remplit immédiatement de cette énergie positive. Tout le monde a envie d'évoluer à son meilleur niveau et d'apporter sa contribution à la réussite de l'équipe de France. La médaille de Florent [Manaudou] aux JO de Paris passe beaucoup par la belle semaine de Léon. En remportant ses quatre titres, il a fait rêver toute la France et aussi Florent. Je suis persuadé que ça l'a nourri et on l'a vu avec l'ambiance avant la finale et le clapping qu'il a lancé dans la piscine. Il était habité par quelque chose de spécial.

**La jeune génération qui brille aujourd'hui en équipe de France est celle qui rêvait devant sa télévision lors de vos exploits. Avez-vous conscience de les avoir inspirés et d'avoir en quelque sorte contribué à leurs succès ?**

Quand tu es fier du club, du drapeau que tu portes et de l'ADN de ton équipe, tu as tout. C'est important. Rendre accessible l'inaccessible reste possible, à condition que les anciens soient toujours proches de l'univers de la natation. Aujourd'hui, tous ceux qui ont brillé sont encore au bord des bassins lors des grandes compétitions ou des championnats de France. Quand je croise Maxime [Grousset] ou Yohann [Ndoye Brouard], on se salue comme si nous appartenions à la même équipe et que nous avions disputé les mêmes relais. Pourtant, nous ne nous connaissons pas vraiment. Il y a ce sentiment d'appartenance et il est primordial qu'il se transmette d'une génération à l'autre. Il ne faut pas qu'on perde le « C'est possible. » Pour l'instant, cela n'a pas quitté cette équipe pour plusieurs raisons. Beaucoup d'entraîneurs de l'époque sont encore en activité et il y a également les anciens nageurs qui gravitent autour de cette équipe de France par le biais de leurs activités. J'ai donné les trois coups aux Jeux olympiques pour lancer une session et ensuite j'ai passé toute la matinée au bassin d'échauffement. Les jeunes nageurs français venaient me voir comme s'ils me connaissaient depuis toujours. Nous n'avons pas besoin de nous parler, on se comprend. Ils sont fiers qu'on soit là parce qu'ils se disent que d'anciennes légendes sont avec eux. On leur donne de la force. Les Américains le font également et il y a toujours d'anciennes légendes dans leur staff. On a un savoir-faire français aujourd'hui et il ne faut pas le perdre. De Franck Esposito à Simon Dufour, Solenne Figuès, Xavier Marchand, jusqu'à Léon Marchand, il y a une vingtaine, si ce n'est une trentaine d'athlètes, qui ont remporté des médailles en individuel ou en relais.

**Parmi cette nouvelle génération, il y a une locomotive : Léon Marchand. En quoi est-il si spécial ?**

De ce que je vois de lui, c'est quelqu'un d'extrêmement intelligent. Je pense qu'il va réaliser une reconversion impressionnante à l'issue de sa carrière. Il a également un très bon entourage. Ses parents ne l'ont jamais poussé à entreprendre une carrière de nageur.

Léon est également extrêmement déterminé. De ce que j'en ai compris, c'est lui qui a convaincu son entraîneur Bob Bowman de tenter de remporter les quatre médailles olympiques. Et c'est en ça que je le trouve très fort. Il a un charisme et un toupet pour imposer ça à Bowman. Ensuite, il a une intelligence, il comprend la mécanique des fluides, la biomécanique, l'eau. Il est aussi stratège. C'est ce qui est plaisant à voir. Ce savoir-faire français passe aussi par sa préparation mentale avec Thomas [Sammut], qui s'occupait de nous à l'époque.

**Qu'est-ce qui a le plus marqué votre carrière, sportivement comme humainement ?**

Ce que j'ai aimé dans ce 4 x 100 m, c'est la singularité des profils qui en ont fait partie, leurs talents différents les uns des autres, ce qu'ils ont réveillé chez moi. Parce que le talent de capitaine qu'on me prête s'est aussi nourri de ces mecs-là. J'ai utilisé le miroir. Quand je leur parlais, cela me concernait aussi, parce qu'il m'est arrivé de douter lorsque j'échangeais avec eux. Mais à aucun moment je ne le laissais paraître. Ils sont tous incroyables sportivement et techniquement, mais ce qui m'a fasciné, c'est l'évolution humaine de tous ces garçons avec qui j'ai nagé. Je les ai vus changer avec ce relais. Il y avait beaucoup de bienveillance. Je les ai vus au début, je les ai vus jusqu'à la fin pratiquement et ils se sont tous transformés humainement. Ils étaient des gens bien et sont devenus des gens sur qui tu peux compter. Tous les ans, il y avait un Superman différent dans l'équipe. Pour gagner, il faut trois athlètes de très haut niveau et un Superman. Et tous les ans, il y en a eu un qui était accompagné par tous les autres à leur meilleur niveau.

TYR
OMEGA
OMEGA

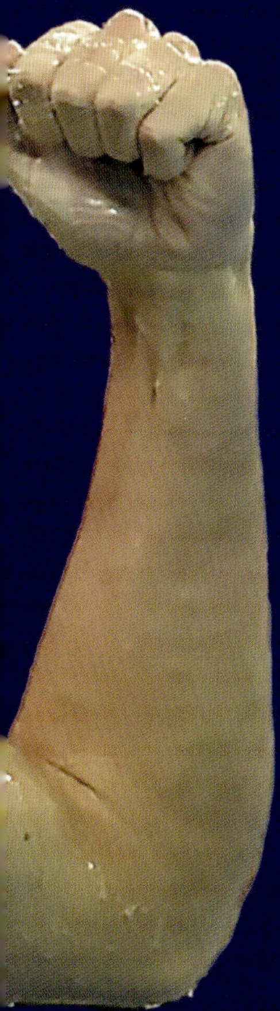

# 2014

## LE CHEF-D'ŒUVRE DE MANAUDOU

Une bête blessée est souvent très dangereuse. Seulement cinquième du 50 m nage libre des Mondiaux de Barcelone en 2013, alors qu'il était le grand favori de l'épreuve, Florent Manaudou revient en 2014 avec des ambitions décuplées. À Chartres, lors des championnats de France, il s'impose non seulement sur le 50 m nage libre, mais aussi pour la première fois sur 50 m brasse, 50 m papillon et 100 m nage libre. Un quadruplé qui se transforme en triplé aux championnats d'Europe de Berlin (50 m nage libre, 50 m papillon et 100 m nage libre). En 2014, Manaudou évolue à son meilleur niveau et termine l'année en beauté en améliorant les records du monde du 50 m nage libre et, plus surprenant, du... 50 m dos lors des Mondiaux en petit bassin de Doha.

**Championnats du monde**
Doha (Qatar) - Décembre 2014

Florent Manaudou.

**Championnats d'Europe**
Berlin (Allemagne) - Août 2014

En Allemagne, Florent Manaudou décroche ses trois premiers titres européens (50 et 100 m nage libre et 50 m papillon). Dans son sillage, Fabien Gilot remporte l'argent du 100 m nage libre, Jérémy Stravius est deuxième des 50 et 100 m dos, Yannick Agnel prend la troisième place du 200 m nage libre et les relais apportent trois médailles supplémentaires à la France (or 4 x 100 m nage libre messieurs, argent 4 x 100 m 4 nages messieurs, bronze 4 x 100 m nage libre mixte).

**Championnats d'Europe**
Berlin (Allemagne) - Août 2014

À Berlin, Fabien Gilot décroche enfin une médaille internationale en individuel en prenant l'argent du 100 m nage libre.

**Championnats d'Europe**
Berlin (Allemagne) - Août 2014

Jérémy Stravius remporte deux médailles d'argent en individuel sur ces championnats d'Europe.

OMEGA

« Je ne sais pas d'où sort ce temps [22''22] ! Dix ans après, je ne sais toujours pas comment j'ai fait. Parfois les planètes s'alignent. À Doha, j'étais très fort sous l'eau. J'avais battu le record du monde du 50 m nage libre [20''26], on avait remporté le relais 4 x 100 m nage libre et une médaille sur le relais 4 x 50 m 4 nages. Je suis dans une bonne énergie et finalement j'aborde ce 50 m dos en étant totalement décontracté. J'ai juste envie de gagner. Il n'y avait pas un niveau extraordinaire sur cette course à Doha. J'avais aussi beaucoup travaillé avec Cam [Lacourt]. Il m'aidait sur la nage et moi sur les parties non nagées. Je l'avais battu d'un centième aux championnats de France à Montpellier trois semaines avant. Sans cette victoire, je pense que je n'aurais pas remporté ce titre et battu ce record du monde. Mon virage est parfait, je ne perds pas de vitesse et j'arrive même à en recréer. Et puis sur un 50 m dos en petit bassin, on doit nager seulement 15 ou 16 mètres à la surface. »

**Florent Manaudou**

**Championnats du monde**
Doha (Qatar) - Décembre 2014

Florent Manaudou marque de son empreinte les championnats du monde en petit bassin de Doha en décembre 2014. En remportant le 50 m nage libre en 20''26 et le 50 m dos en 22''22, le sprinteur tricolore établit deux nouveaux records du monde. Sur celui du 50 m dos, il semble aussi surpris que les spectateurs.

# 2015

# EN SOUVENIR DE CAMILLE

Alors qu'elle a pris sa retraite en juillet 2014, Camille Muffat profite pleinement de ses nouvelles activités lorsqu'elle perd brutalement la vie dans un accident d'hélicoptère en Argentine dans le cadre du tournage de l'émission d'aventure *Dropped*. Un choc pour le monde de la natation et du sport en général. C'est dans ces conditions particulièrement difficiles que les championnats de France se tiennent, le mois suivant sa disparition, à Limoges. Une édition forcément particulière où des photos de Camille Muffat sont affichées dans tout le complexe de l'Aquapolis et où de nombreux hommages lui sont rendus. Quelques mois plus tard, à Kazan, dernière répétition avant les Jeux olympiques de Rio, les Bleus remportent six médailles dont quatre en or, notamment grâce à un Florent Manaudou toujours intouchable.

adidas

**Championnats de France**
Limoges (France) - Avril 2015

Dans une ambiance particulièrement pesante et émouvante, les nageurs et nageuses tricolores rendent le plus bel hommage possible à Camille Muffat, disparue tragiquement le 9 mars 2015. Avec des tatouages « Cam » sur la main et l'épaule et le bonnet à l'effigie de la nageuse sur la tête, sa meilleure amie Charlotte Bonnet remporte cinq titres nationaux (100 et 200 m nage libre, 50 et 100 m brasse et 200 m 4 nages) et quatre tickets pour les Mondiaux de Kazan. En s'imposant sur 50 et 100 m dos et 50 m papillon, la jeune Béryl Gastaldello impressionne également lors de cette compétition.

**Championnats du monde**
Kazan (Russie) - Août 2015

Florent Manaudou, déjà stratosphérique l'année précédente à Berlin et à Doha, confirme son statut de favori un an avant les Jeux olympiques de Rio en décrochant enfin le titre mondial du 50 m nage libre et en remportant le 50 m papillon. En Russie, le relais français 4 x 100 m nage libre reste invincible et Camille Lacourt conserve son titre mondial sur 50 m dos et s'empare de la médaille d'argent du 100 m dos.

**Championnats du monde**
Kazan (Russie) - Août 2015

Camille Lacourt, champion du monde du 50 m dos et médaillé d'argent du 100 m dos.

**Championnats du monde**
Kazan (Russie) - Août 2015

Fabien Gilot, Florent Manaudou, Mehdy Metella et Jérémy Stravius (dans l'eau), peuvent exulter. Ils conservent leur titre mondial sur le relais 4 x 100 m nage libre.

# 2016

# LE RENDEZ-VOUS MANQUÉ

Deux médailles d'argent, des polémiques et des conférences de presse houleuses, les Jeux olympiques de Rio ne resteront pas dans les annales de la natation française. Ou en tout cas pas pour de bonnes raisons. Battu d'entrée par l'armada américaine, de nouveau portée par Michael Phelps, le relais 4 x 100 m nage libre français n'avait plus connu le goût de la défaite depuis les championnats du monde de Shanghai en 2011. Et si, traditionnellement, l'épreuve par équipe lance la dynamique collective, cette fois, c'est l'inverse qui se produit. Personne, ou presque, ne réussit à briller individuellement et le poids des attentes et des espoirs de tout un pays est finalement trop lourd à porter pour Florent Manaudou, invaincu depuis 2014, qui prend la deuxième place de son 50 m nage libre, un centième derrière le revenant américain Anthony Ervin. Quelques semaines plus tôt, les nageurs français ont remporté neuf médailles dont quatre en or aux championnats d'Europe de Londres grâce, notamment, à leurs leaders Florent Manaudou (médaille d'or sur 50 m nage libre) et Camille Lacourt (doublé 50-100 m dos).

**Championnats d'Europe**
Londres (Angleterre) - Mai 2016

Charlotte Bonnet sauve le bilan féminin en remportant la médaille de bronze du 200 m nage libre.

**Championnats d'Europe**
Londres (Angleterre) - Mai 2016

Souvent présent dans les relais tricolores, Clément Mignon remporte la médaille de bronze du 100 m nage libre en individuel.

**Championnats d'Europe**
Londres (Angleterre) - Mai 2016

À Londres, Mehdy Metella remporte la médaille de bronze du 100 m papillon.

arena
6
Ω OMEGA
Rio2016

**Jeux olympiques**
Rio (Brésil) - Août 2016

Comme à Pékin huit ans plus tôt, les Bleus sont devancés par les Américains dans cette finale olympique du relais 4 x 100 m nage libre. Invaincus depuis leur titre olympique de 2012, les coéquipiers de Fabien Gilot cèdent au pire moment. À voir leur visage à l'arrivée et quelques minutes plus tard sur le podium, on comprend la déception et la frustration de ces quatre garçons.

« Je ne sais plus trop ce que je me dis à l'arrivée, mais je repense sans doute à mon temps des demi-finales qui m'aurait permis de m'imposer, au fait de perdre pour un centième. Je me souviens de la phrase d'Anthony Ervin [qui s'impose] : "Je suis désolé, c'était toi le plus fort." Il a raison, j'étais favori. Si on dispute cette course dix fois, je la gagne neuf fois je pense. Mais je suis content pour lui, pour son histoire. Je pouvais perdre contre deux personnes sur cette compétition : lui et Bruno Fratus qui était à domicile. C'est quand même un bon moment qui est salvateur pour la suite. »

**Florent Manaudou**

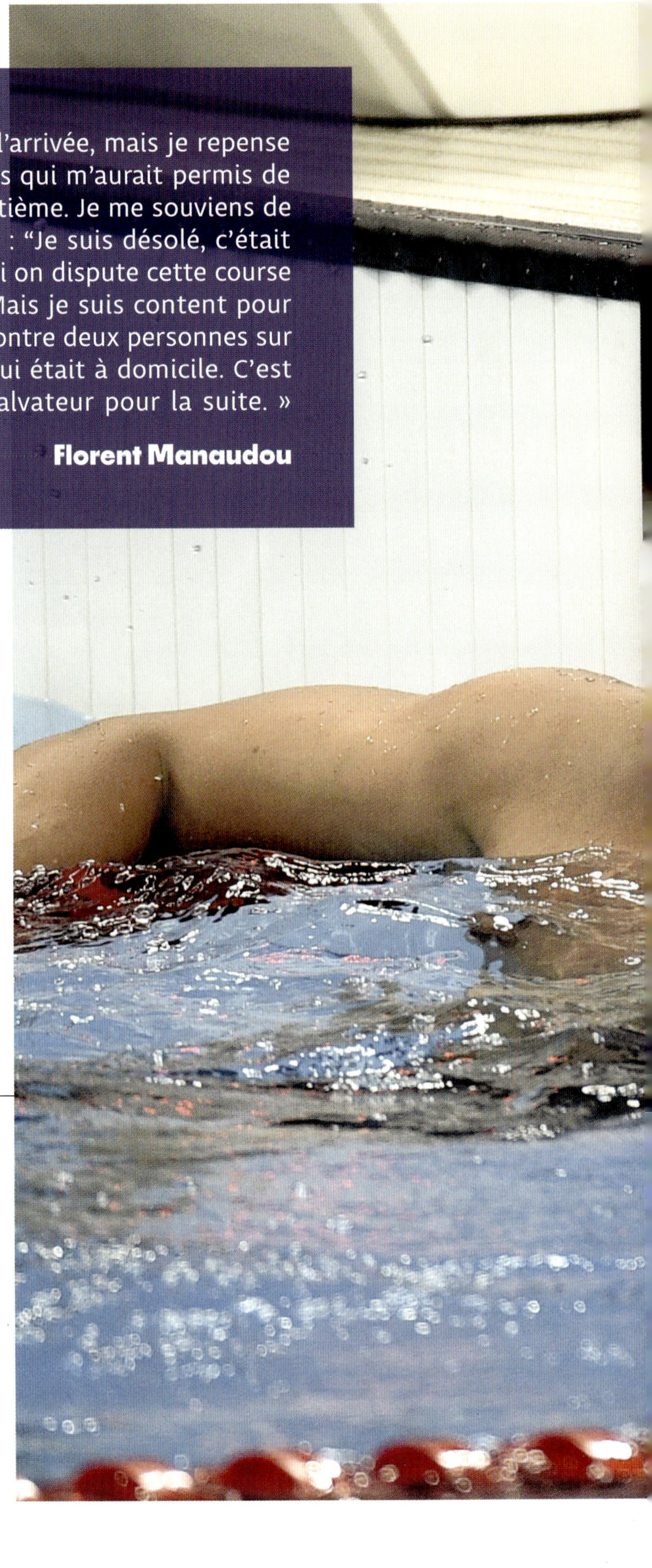

**Jeux olympiques**
Rio (Brésil) - Août 2016

Grandissime favori à sa propre succession sur 50 m nage libre, Florent Manaudou prend la deuxième place aux Jeux olympiques de Rio, un centième derrière l'Américain Anthony Ervin. Sa première défaite en compétition internationale sur la distance depuis les Mondiaux de Barcelone en 2013.

OMEGA

**À chaque fin d'olympiade, de nombreux athlètes décident de mettre un terme à leur carrière. Après les Jeux olympiques de Rio, c'est toute la génération dorée de la natation française qui raccroche le maillot. Du capitaine emblématique et pilier du relais 4 x 100 m nage libre Fabien Gilot, à la médaillée olympique Coralie Balmy, en passant par le vice-champion olympique Frédérick Bousquet, sans oublier William Meynard ou encore Grégory Mallet. Même Florent Manaudou décide de mettre entre parenthèses sa carrière de nageur après l'épisode brésilien. Avec ces départs, c'est une page exceptionnelle de l'histoire de la natation française qui se referme.**

Multiple médaillé avec les relais 4 x 100 et 4 x 200 m nage libre, Grégory Mallet a, lui aussi, rangé le bonnet après les JO de Rio.

Frédérick Bousquet a pris sa retraite à l'issue des Jeux olympiques de Rio.

William Meynard, médaillé de bronze aux championnats du monde de Shanghai en 2011 sur 100 m nage libre et membre du relais 4 x 100 m, a mis un terme à sa carrière à l'issue des JO de Rio.

FRANCE
NATATION
EDF

# 2017

## LES ADIEUX D'UN GÉANT

Alors que de nombreux nageurs tricolores ont pris leur retraite à l'issue des Jeux olympiques de Rio 2016, Camille Lacourt a un dernier défi à relever avant de se retirer des bassins : remporter un troisième titre de champion du monde consécutif sur 50 m dos. À Budapest, il est accompagné seulement par huit nageurs français en raison de critères de sélection exigeants et d'un renouvellement générationnel assez logique en début d'olympiade. En Hongrie, là où il a explosé aux yeux du monde entier lors des championnats d'Europe de 2010, le grand blond réussit son pari et s'impose, une nouvelle fois, sur son 50 m dos devant sa fille Jazz et ses proches avec qui il partage cette victoire. Au moment de monter sur le podium, l'émotion est telle qu'il ne peut retenir ses larmes. Camille Lacourt fend l'armure et range le maillot sans aigreur ni amertume.

« J'ai réalisé le meilleur temps des demi-finales et, en sortant de cette course, je croise Fred Bousquet qui était consultant pour la télévision. Sa première réaction est de me dire : "Tu vas le faire !" Ensuite, je rentre à l'hôtel et je vois tous mes amis du Cercle des nageurs de Marseille qui ont fait le déplacement pour assister à ma dernière course. Cela me donne beaucoup d'énergie. Ma fille est présente avec mes parents également. C'est une chance d'avoir cette opportunité de décrocher un nouveau titre mondial pour ma fin de carrière. En finale, je savais que le départ était important et qu'ensuite, sur la nage, j'étais plus rapide. Je sors de la coulée tout juste aux 15 mètres réglementaires et ensuite je vois que mes épaules sont à côté de celles du Japonais. Pour la première fois de ma carrière je me dis pendant la course : "Je vais gagner." C'est dingue de terminer là-dessus. Cette Marseillaise, c'est la première fois où j'ai pris le temps de profiter et de me retourner sur ma carrière. C'est d'ailleurs un des conseils que je me suis permis de donner à Léon [Marchand]. Je lui ai dit que c'était important de profiter des podiums et de se nourrir de cette énergie. »

**Camille Lacourt**

**Championnats du monde**
Budapest (Hongrie) - Juillet 2017

En ce jour de juillet 2017, les observateurs et fans de natation savent qu'ils assistent à un moment d'histoire. Camille Lacourt, dossiste de talent et l'un des meilleurs nageurs français de l'histoire, se présente sur le plot de départ de la finale du 50 m dos pour la dernière fois de sa carrière. Lui, le triple champion du monde en individuel (100 m dos en 2011, 50 m dos en 2013 et 2015), rêve d'adieu en or. Après toute une année de préparation et 24''35 d'efforts, Lacourt touche le mur en première position. Il conserve sa couronne mondiale sur 50 m dos et se retire des bassins avec une nouvelle médaille d'or.

TYR

# « ON A ESSAYÉ DE PARTAGER NOTRE ÉTAT D'ESPRIT AVEC LES PLUS JEUNES »

Médaillée olympique, médaillée mondiale, championne d'Europe, Coralie Balmy dispose de l'un des plus beaux palmarès de la natation française. Figure de proue du collectif féminin jusqu'en 2016, elle en a même été la capitaine durant les trois dernières années de sa carrière d'athlète. Preuve de sa longévité, la spécialiste du 400 m nage libre a participé à trois Jeux olympiques et s'est à chaque fois qualifiée pour la finale de son épreuve de prédilection. Après les Jeux olympiques de Rio en 2016, elle a mis un terme à sa carrière et s'est éloignée des bassins, tout en gardant un œil sur les performances des jeunes nageurs tricolores qu'elle admire.

**En 2014, saviez-vous déjà que vous viviez vos deux dernières années en tant que nageuse de haut niveau ?**
C'était sûr et certain. Après les Jeux olympiques de Londres, je savais qu'il me restait quatre ans. D'autant plus parce que le corps souffre alors qu'il convient de garder un niveau d'exigence élevé au quotidien. Tout cela est très énergivore. À 27 ans, on récupère moins bien et je m'en suis vite aperçue. L'objectif était de disputer mes troisièmes Jeux olympiques à Rio.

**Est-ce la meilleure compétition pour mettre un terme à une carrière ?**
Sans aucun doute. Ce n'est pas pour dénigrer les championnats du monde ou les championnats d'Europe, mais culturellement en natation, on a une approche par tranche d'olympiade [quatre ans].

**Comment vit-on ces dernières années lorsque le compte à rebours est lancé ?**
J'ai beaucoup travaillé avec un sophrologue pour mieux appréhender ma fin de carrière. À chaque fois que l'on fait une chose pour la dernière fois, ce n'est pas simple mentalement. Dans mon approche, cela me soulageait parce que j'avais besoin de souffler et de passer à autre chose, mais on se demande aussi ce qui nous attend après. On quitte un milieu que l'on connaît par cœur pour en découvrir un autre qui nous est inconnu. Il y a une forme d'appréhension à vivre tout cela. Cette approche avec mon sophrologue m'a permis d'aborder les choses sereinement et de vivre pleinement toutes ces étapes.

**Votre quotidien d'athlète de haut niveau est parfaitement minuté et du jour au lendemain vous n'avez plus vraiment d'horaires ni de contraintes. Est-ce le plus déstabilisant ?**
C'est très angoissant. À la fin des Jeux olympiques de Rio, je n'avais pas de planning pour la suite, ni pour les quatre années à venir. Je me demandais ce que j'allais faire. Quand on est dans un cadre restreint, on a juste envie d'en sortir, mais, quand cette opportunité s'offre enfin à toi, on ne sait pas comment en profiter. C'était vraiment le vide et je me suis posé beaucoup de questions à cette période-là. En revanche, ce qui est assez grisant, c'est de ne plus avoir à regarder la montre. Le sport de haut niveau

est minuté en permanence. J'ai appris le sens du temps, mais devoir tout compter et tout calculer en permanence, c'est fatigant. J'étais soulagée de ne plus avoir à le faire.

**2014 marque un coup d'arrêt pour le relais 4 x 200 m nage libre avec un renouveau de l'équipe. Comment avez-vous vécu cette période ?**

Nous avons obtenu notre première médaille avec cette équipe-là aux championnats du monde en petit bassin en 2010 et ensuite il y a eu les médailles de bronze à Londres aux JO en 2012 et aux Mondiaux de Barcelone en 2013. Nous étions le même groupe de filles et, en 2014, tout a changé de manière assez brutale. On ne s'attendait pas à ce que Camille [Muffat] décide de mettre un terme à sa carrière au moment de l'Open de France de natation, avant les Euro de Berlin 2014. C'était le pilier de notre relais, aussi bien sur le plan personnel que sportif. À ce moment-là, le relais connaît donc un renouveau. Cela a été difficile à mettre en place et à réorganiser. On a eu la chance d'avoir Charlotte [Bonnet] qui avait intégré le collectif en étant très jeune et on savait qu'on pouvait compter sur elle pour la suite. On avait une belle dynamique et des ambitions de podium et cela s'est arrêté à ce moment-là. Quand on est habitué à décrocher des médailles, c'est toujours bizarre de ne plus avoir cette opportunité-là, même si on sait que c'est le jeu.

**Votre rôle au sein du relais a-t-il changé ?**

Oui, c'est à cette période que je suis devenue capitaine. Il a fallu maintenir cet esprit collectif et ne pas se laisser abattre parce que cela a pu déstabiliser certaines filles. Mon rôle était de maintenir l'inertie, de donner confiance aux filles, de leur faire comprendre que nous étions capables d'être performantes. Il fallait garder tout le monde la tête hors de l'eau. C'était un peu déstabilisant aussi pour moi, mais j'essayais de ne pas le montrer.

**À cette époque-là en équipe de France, les relais étaient particulièrement importants. Comment l'expliquez-vous ?**

C'est vrai qu'avec cette génération, nous avions cette particularité-là. On était très attachés au relais. À l'époque on avait un collectif féminin avec à sa tête Patricia [Quint]. Elle nous réunissait plusieurs fois par an pour que l'on apprenne à nager ensemble, à se connaître. On développait des rapports amicaux et c'est ce qui donnait cette force à notre collectif malgré nos rivalités au niveau individuel aux championnats de France. C'est ce qui nous a aidées à créer tout cela. Aujourd'hui, on est encore amies avec toutes ces filles.

**À partir de 2014, on remarque également que les médailles tricolores sont remportées par les garçons et c'est plus compliqué pour les filles. En discutiez-vous toutes ensemble ?**

Pas vraiment. Il y a eu beaucoup de changement et de départs, notamment Mylène [Lazare] et Camille [Muffat]. Sans vraiment en discuter, on essayait de donner le meilleur de nous-mêmes. C'était pour autant assez déstabilisant. Pour ne pas renforcer ce sentiment, la stratégie était d'aller de l'avant et d'accepter de repartir du bas pour reconstruire de nouvelles choses. Il y avait des bases solides qui avaient été transmises depuis des générations. Les médailles restent et on peut toujours s'appuyer là-dessus pour rebondir.

**Au cours de votre carrière, vous avez su vous montrer performante durant les années olympiques, comment expliquez-vous ces pics de forme ?**

Je ne sais pas vraiment comment je fonctionnais, mais c'est vrai que j'étais au taquet lors des années olympiques. Après Londres, il y a eu tellement d'euphorie que c'était difficile de redescendre. Ensuite il faut accepter de voir son niveau de performance diminuer et avoir confiance en sa préparation pour de nouveau atteindre son meilleur niveau quatre ans plus tard. Je suis contente d'avoir disputé trois finales olympiques. C'est une très grande fierté, ma médaille à moi. Je me dis que j'ai été dans le top 8 des nageuses de 400 m nage libre de 2008 à 2016. J'ai eu la chance de nager avec Laure [Manaudou], avec Camille [Muffat]. J'ai disputé des finales avec Federica Pellegrini, Katie Ledecky. Que des immenses nageuses. C'est pour ça que quand j'ai pris ma retraite, j'étais contente. Ledecky nageait 3'56 au 400 m nage libre, c'était mon temps en petit bassin [rires]. C'est juste stratosphérique et on est entré dans une autre dimension.

**Aux championnats de France en 2016, vous êtes l'une des seules à réussir le temps de qualification demandé pour se qualifier pour les Jeux olympiques**

Coralie Balmy (à droite) réconforte Margaux Fabre (à gauche).

**de Rio. Comment avez-vous réussi à vous remobiliser après des années 2014 et 2015 assez compliquées ?**
Mon travail avec le sophrologue a beaucoup compté. Cela a duré trois ans et ça m'a permis de monter en puissance et de savoir comment aborder chaque moment de cette dernière année. À Montpellier, en 2016, j'avais ma tête en immense sur le poster des championnats. Quelques années en arrière j'aurais perdu mes moyens, c'est certain. J'ai pu aborder ça avec un regard différent et avec davantage de recul. L'ambiance était pesante lors de cette compétition. J'étais la première à réussir le temps de qualification pour les JO et ensuite on voyait tous les jours des nageurs tristes de ne pas décrocher leur qualification. Ces critères étaient difficiles, mais c'est toujours bien de lever le niveau d'exigence. C'est ce qu'avait mis en place Claude Fauquet [ancien directeur technique national] à l'époque. Au départ, ils étaient très peu en équipe de France et puis, au fil des années, il y a eu davantage de qualifiés. Ça prouve que c'était efficace.

**Comment avez-vous vécu la dernière journée de votre carrière lors des Jeux olympiques de Rio ?**
C'est assez bizarre d'en reparler, ça me remet dedans [rires]. L'idée était de me remplir de tout le plus possible. Dans ma tête j'avais déjà gagné. Je m'étais qualifiée pour les JO, j'étais en finale, mes parents étaient présents. Il faut savoir que c'était la première fois que mon père me voyait nager. J'ai nagé de mes 4 ans à mes 29 ans et il est venu une seule fois, aux Jeux de Rio en 2016. C'était incroyable de l'avoir à mes côtés et rien que pour ça j'avais gagné. En séries, je réalise une très belle performance et je me régale. J'ai vu ma famille dans les gradins et je me suis dit que c'était une chance de terminer ma carrière là-dessus. En finale, j'avais déjà d'autres ambitions, un autre recul. Je voulais me remplir de tout ça et en profiter. À l'époque, j'avais dit que je n'avais sans doute pas eu assez de stress pour nager plus vite. Je ne prétendais pas à la médaille même si j'étais ambitieuse, mais je n'avais pas la même pression qu'avant. Je n'avais plus rien à prouver à personne. C'était ma récompense de toutes ces années et je voulais juste en profiter.

**Vous avez disputé trois Jeux olympiques. À chaque fois cela a été très différent. Qu'avez-vous retenu de chacune de ces éditions ?**
À chaque fois j'ai vécu des expériences de vie complètement folles. Avant les JO de Pékin, en 2008, j'avais discuté avec la psychologue du CREPS de Toulouse. Elle m'avait bien expliqué la stratégie qui était d'être acteur et de ne pas tomber dans la posture de spectateur. C'est quelque chose que j'ai transmis à chaque nouveau en équipe de France. C'est clair que ça sauve. Les JO, c'est Disney puissance 150. On peut vite être happé par l'événement. On voit des Usain Bolt, des Kobe Bryant, Roger Federer à la cantine. Tout est gratuit. Dans la chambre, il y a des cadeaux. Tu changes de dimension avec les JO. Ce conseil avait été salvateur. J'étais en chambre avec Malia [Metella], c'était une grande sœur et un repère formidable. À Londres, en 2012, j'étais avec Alexianne [Castel]. Nous étions de la même génération et on avait grandi ensemble. On était un peu mûres toutes en même temps et on a obtenu de beaux résultats. À Rio, j'étais capitaine, je me devais d'accompagner les filles et de recréer ce collectif qui était en difficulté. J'étais dans une posture d'accompagnement, mais je devais rester dans ma performance. Toutes ces expériences ont été vraiment enrichissantes.

**À l'issue des Jeux olympiques de Rio, de nombreux nageurs de votre génération mettent un terme à leur carrière sportive. Avez-vous la sensation que vous avez vécu une période dorée et qu'il va être difficile pour la génération suivante de vous imiter ?**
On en avait conscience. On a grandi tous ensemble et on a intégré l'équipe de France junior en même temps. On savait que le collectif serait peut-être moins fort. Cela a eu un gros impact sur la natation française et j'avais les retours de Charlotte [Bonnet] qui me disait qu'il y avait un grand vide après tous ces départs.

**D'autant qu'on avait l'impression que la relève peinait à pointer le bout de son nez.**
L'héritage a été lourd à porter pour cette génération. Mais il suffit qu'il y ait quelques locomotives pour que cela continue. Il y a des marches plus difficiles à franchir et celle-là l'était particulièrement.

**Qu'est-ce que cela change dans la manière d'aborder la compétition de faire partie d'une génération qui gagne beaucoup de médailles ?**
Cela permet d'assumer. On est assez pudiques en France, contrairement à d'autres nations, comme les États-Unis par exemple. Eux n'hésitent pas à dire qu'ils sont là pour gagner. Laure [Manaudou] avec son titre d'Athènes nous a permis d'y croire. Et ensuite cela a été un cercle vertueux. Cette dynamique-là a apporté cet état d'esprit à tout le monde. On voit ses copains d'entraînement gagner et on a envie de faire pareil. Ça nous a tous décomplexés.

**Est-ce que vous avez essayé de transmettre cela à la jeune génération ?**
On a tout mis dans un sac et on leur a donné [rires]. C'est difficile de faire autrement. On a essayé de partager cet état d'esprit avec eux pour que cela continue à se diffuser en équipe de France de natation. On leur a dit de s'appuyer les uns sur les autres, de prendre exemple sur les anciens qui ont de l'expérience et d'assumer surtout leurs ambitions en se donnant les moyens de les atteindre. Ce sont de beaux discours, mais il faut vivre les choses pour totalement s'imprégner de tout cela.

TYR
Montpellier
Méditerranée
Métropole

**Avez-vous continué à suivre les performances des nageurs français à l'issue de votre carrière ?**
J'ai regardé avec un œil attentif, notamment ma grande copine Charlotte [Bonnet]. Je m'en suis éloignée petit à petit parce qu'un nouveau monde s'est ouvert à moi et j'ai voulu m'y investir à fond. Quand c'était encore frais, j'avais tous les automatismes de ma carrière d'athlète. Plus l'année avançait et plus mon corps répondait à des habitudes. Au mois d'avril, période habituelle des championnats de France, j'avais un enthousiasme, une certaine euphorie et une force incroyable. C'était aussi le cas l'été. Je conservais les mêmes réflexes que lorsque j'étais encore nageuse. C'était vraiment bizarre. Je ne regardais pas trop les compétitions pour ne pas vivre dans le passé et éviter de ressentir ça. Maintenant ça va mieux, mais ça met du temps.

**En 2018, vous avez dû être ravie de voir de nouveau les filles sur le devant de la scène, remportant de nombreuses médailles aux championnats d'Europe de Glasgow.**
Bien sûr ! C'était une très belle compétition. On sentait qu'il y avait un très beau collectif. Les relations individuelles étaient différentes et peut-être qu'elles n'étaient pas copines, mais elles ont réussi à tirer leur épingle du jeu pour faire briller l'équipe de France.

**Quel regard portez-vous sur les performances de Léon Marchand ?**
Quand je suis arrivée à Toulouse, je nageais avec Xavier, son père. J'avais d'ailleurs des posters de lui dans ma chambre. Ça m'a fait vraiment bizarre. J'ai connu Léon quand il est né. Pour moi, c'était le bébé de Xavier et Céline [Bonnet] et c'est tout. De le voir réussir comme cela, c'est incroyable. Avec des parents qui ont été nageurs et qui ont disputé les Jeux olympiques, en arrivant à son tour en équipe de France, il avait fait le plus dur parce qu'il avait réussi à assumer cet héritage. En voyant ça, j'avais vraiment confiance.

**Pour autant, il était impossible de lui prédire un si beau destin.**
C'est comme pour Michael Phelps. Qui aurait pu prédire qu'il allait remporter autant de médailles olympiques ? Ce sont des gens différents, qui marquent le sport de leur empreinte. C'est ce qui rend la chose belle. Léon a réussi quelque chose d'extraordinaire. Et ce qui est dingue c'est qu'il n'hésite jamais à sortir de sa zone de confort. Quand un plan fonctionne on a tendance à vouloir le conserver. Mais lui a voulu tester d'autres choses, s'entraîner avec de nouvelles personnes, de nouvelles méthodes. Cela montre à quel point il est capable de s'adapter et la force de son amour pour la natation. Il a confiance en lui. Il a gagné quatre fois, mais il veut encore changer et est sûr de ses décisions.

**Comment avez-vous vécu les Jeux olympiques de Paris 2024 ?**
Ce ne fut pas très agréable au départ. Quand je suis arrivée pour prendre mon accréditation [badge qui permet d'accéder aux enceintes sportives pendant l'événement] d'ambassadrice Terre de Jeux, le premier jour, je ne savais pas ce qui m'arrivait. Je cherchais mon sac, le village olympique. Il y a beaucoup de choses qui se réveillent, même huit ans après. Au début, c'était assez étrange. Je devais lutter contre tout ça. Ça m'a fait du bien au final et ça m'a permis de tourner encore un peu plus la page. Si je n'avais pas vécu cette expérience, je pense que je n'aurais jamais véritablement guéri de ça. Mais cela aurait sans doute été inconscient, enfoui au fond de moi. Une fois que cela est passé, j'ai pris conscience de l'ampleur de l'événement, de l'impact sur la population, mais aussi sur les autres sportifs. Il y avait tout un pays qui poussait derrière ses athlètes, juste par amour, par fraternité. C'était incroyable. À la piscine, l'ambiance était complètement dingue.

**Quel regard portez-vous sur la nouvelle génération de la natation française ?**
Je trouve que ce sont de belles personnes avec de jolies valeurs. Ils continuent leurs études et c'est très important. Ça fait partie intégrante de leurs parcours. Cela montre que c'est possible. Ils sont vraiment bien. Il y a un bon groupe et ça fait du bien. Ils sont modestes. Si on a pu réussir à transmettre des valeurs saines, c'est chouette. Ils sont décomplexés et assument d'être là. Je ne ressentais pas ça à mes débuts, mais là je le vois vraiment chez tous ces jeunes nageurs. Ils se sont émancipés et ils ont confiance en eux. Ils vont aller loin parce qu'ils prennent les choses comme elles viennent et ils savent ce qu'ils veulent.

# LE RENOU 2018-2021

# VEAU

La délégation tricolore repart des Jeux olympiques de Tokyo avec une seule médaille, celle en argent de Florent Manaudou sur 50 m nage libre. Cette fois, pas d'amertume, de déception ni de frustration, le grand brun savoure cette troisième médaille olympique consécutive sur cette épreuve. Sur le podium, il ne peut retenir ses larmes. Il sait à quel point le chemin a été sinueux et les observateurs peu nombreux à croire en cette performance. Quelques semaines plus tôt, aux championnats de France de Chartres, il s'est incliné pour la première fois depuis 2012 sur 50 m nage libre. Mais le cadet de la fratrie Manaudou le reconnaît sans difficulté : il sait se montrer performant lorsque cela compte vraiment. La marque des grands champions. Cette médaille olympique clôture une deuxième partie d'olympiade marquée par un renouvellement générationnel, le succès des filles à Glasgow en 2018 ou encore le premier titre de champion de France d'un certain Léon Marchand en 2019 à Rennes.

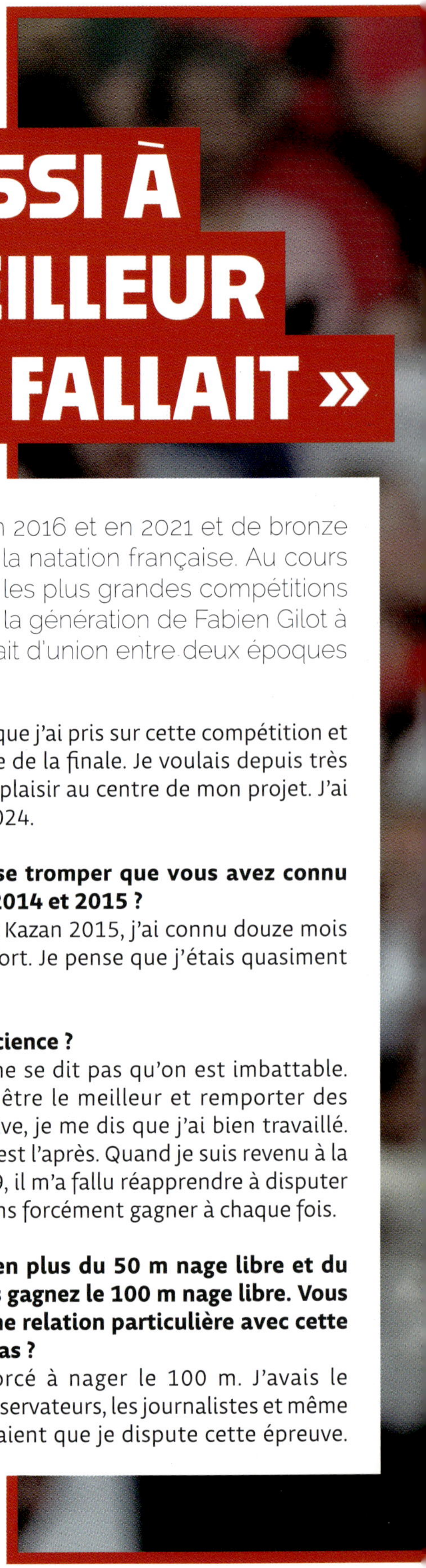

# « J'AI SOUVENT RÉUSSI À ÉVOLUER À MON MEILLEUR NIVEAU QUAND IL LE FALLAIT »

Champion olympique du 50 m nage libre en 2012, médaillé d'argent en 2016 et en 2021 et de bronze en 2024, Florent Manaudou possède l'un des plus beaux palmarès de la natation française. Au cours de ces dix dernières années, il n'a cessé de marquer de son empreinte les plus grandes compétitions internationales au point d'être nommé capitaine du collectif tricolore. De la génération de Fabien Gilot à celle de Léon Marchand, Florent Manaudou est incontestablement le trait d'union entre deux époques fabuleuses.

**Florent, ce livre retrace les moments marquants de ces dix dernières années, de Berlin à Paris. Deux compétitions au cours desquelles vous avez été médaillé. Sacrée longévité. Qu'est-ce que cela vous inspire ?**
Je ne m'en rends pas trop compte parce que j'étais simplement là et je faisais mon travail. Je ne me dis pas spécialement que cela a été long. D'autant qu'il y a eu une pause au milieu. Le bilan est difficile à dresser alors que je n'ai pas encore mis un terme à ma carrière.

**De quoi avez-vous été le plus fier durant ces dix années ?**
Il y a beaucoup de choses dont je suis fier, mais si je dois en retenir deux, ce seraient deux Jeux olympiques. En 2021, je suis arrivé à Tokyo en ayant perdu pour la première fois depuis 2012 sur 50 m nage libre aux championnats de France [deuxième derrière Maxime Grousset]. C'était difficile à vivre cinq semaines avant les JO. Finalement, cela m'a donné une force supplémentaire et j'ai réussi à remporter une nouvelle médaille. La deuxième serait les Jeux de Paris. Pas forcément pour la médaille, davantage pour la quête personnelle. J'ai décidé de m'entraîner dans des conditions un peu différentes en créant un staff autour de moi et en plaçant le bonheur au centre du projet. Certes, j'ai remporté une médaille, mais je retiens avant tout le plaisir que j'ai pris sur cette compétition et mon sourire à l'issue de la finale. Je voulais depuis très longtemps placer le plaisir au centre de mon projet. J'ai réussi à le faire en 2024.

**Peut-on dire sans se tromper que vous avez connu votre *« prime »* en 2014 et 2015 ?**
Entre Berlin 2014 et Kazan 2015, j'ai connu douze mois où j'étais très, très fort. Je pense que j'étais quasiment imbattable.

**En aviez-vous conscience ?**
Sur le moment, on ne se dit pas qu'on est imbattable. On s'entraîne pour être le meilleur et remporter des titres. Quand j'y arrive, je me dis que j'ai bien travaillé. Ce qui est difficile, c'est l'après. Quand je suis revenu à la compétition en 2019, il m'a fallu réapprendre à disputer des compétitions sans forcément gagner à chaque fois.

**À Berlin en 2014, en plus du 50 m nage libre et du 50 m papillon, vous gagnez le 100 m nage libre. Vous avez toujours eu une relation particulière avec cette distance, n'est-ce pas ?**
On m'a toujours forcé à nager le 100 m. J'avais le sentiment que les observateurs, les journalistes et même le grand public voulaient que je dispute cette épreuve.

F.MANAUDOU
FRANCE

Romain Barnier [son entraîneur à Marseille] aussi. Il y avait toute cette pression populaire parce qu'on dit que le 100 m est l'épreuve reine. C'est quelque chose que je ne comprends pas d'ailleurs : en athlétisme, l'épreuve reine c'est la distance la plus courte ; en natation ce devrait être le 50 m [rires].

**À Berlin, vous montez sur ce podium avec Fabien Gilot, capitaine emblématique de cette équipe. En quoi ce podium était-il différent des autres ?**
L'histoire commence avant. Nous étions quatre Marseillais engagés en séries avec Mehdy [Metella] et Clément [Mignon] en plus de Fabien et moi. Comme il n'y avait que deux Français qui pouvaient se qualifier pour les demi-finales et la finale, on leur avait demandé de ne pas nager trop vite en séries pour que Fabien et moi puissions passer sans trop nous employer. Avec le recul c'est dur, mais nous étions les deux qui avions le plus de chances de monter sur le podium. Cela avait créé une petite polémique dans la presse, mais on a réussi ce doublé, ce qui nous a prouvé que c'était une bonne stratégie. Partager ce podium avec Fabien, qui était venu me chercher en 2013 lors d'un stage en Thaïlande pour me dire que l'équipe avait besoin de moi sur 100 m dans le relais, c'était fort.

**Avec cette victoire sur 50 m nage libre à Berlin débute une période de deux ans durant laquelle vous ne connaissez plus la défaite sur cette distance. Sentiez-vous dans la chambre d'appel que vous aviez pris l'ascendant sur les autres ?**
Je pense. Ce n'était pas forcément en chambre d'appel d'ailleurs. Mais quand j'arrivais à une compétition et que je voyais mes adversaires, je sentais qu'ils avaient peur. Je n'en jouais pas trop parce que je ne suis pas comme ça, mais cela me permettait d'être plus détendu et je pense que c'était une aide pour mieux aborder les courses.

**Aux Mondiaux de Kazan en 2015, vous vous imposez en réalisant votre meilleur temps [21''19]. En quoi ce titre est-il si particulier ?**
C'est un peu le soulagement à Kazan. C'est la fin de ma quête des cinq étoiles [titres mondiaux et européens en petit et grand bassin et titre olympique] dont James [Gibson, un de ses entraîneurs] m'avait parlé après ma finale olympique de Londres. Je n'avais pas réussi à gagner à Barcelone [2013] alors qu'en demi-finale, sans trop m'employer, je réalise le meilleur temps des engagés. Mais en finale, quelque chose se dérègle dans ma nage et je prends la cinquième place. Kazan, c'était pour moi la dernière chance de remporter un titre mondial. C'était beaucoup de pression et je savais que j'étais en forme. J'ai réussi à délivrer ma meilleure performance au moment où il le fallait. D'ailleurs, cela a toujours été un fil rouge de ma carrière. J'arrive à évoluer à mon meilleur niveau au bon moment.

**Après la réussite de cet objectif des cinq étoiles, avez-vous ressenti une perte de motivation ?**
Ce fut effectivement le cas. Je savais que, petit, mon rêve était d'être champion olympique. James a réussi à m'en fixer un autre : celui de remporter tous les titres possibles sur 50 m nage libre. Être double champion olympique, c'est bête à dire, mais ce n'était pas mon rêve. J'ai été à Rio parce qu'il fallait terminer le travail, mais j'aurais bien arrêté après Kazan [sourire]. C'est mon histoire et je suis content d'avoir perdu d'un centième à Rio parce que je n'aurais sans doute pas repris la natation si j'avais gagné. Avec le recul, je préfère peut-être détenir quatre médailles olympiques sur la longévité plutôt que deux médailles d'or consécutives.

**Y a-t-il des moments de doute durant l'année des JO de Rio ?**
Comme j'ai réussi à nager 21''19 en 2015, je suis assez confiant sur le fait de m'imposer à Rio et je ne mets pas les mêmes choses en place à l'entraînement. Peut-être qu'au lieu d'évoluer tout le temps à 100 %, j'étais à 99 ou 98 %. Et chaque jour, mon niveau baissait un peu. Je me suis aussi blessé au doigt cinq semaines avant les Jeux et je me suis ouvert le crâne en tombant. Il y a eu pas mal de petites choses qui font que je n'ai pas gagné. Mais avec mon temps des demi-finales, j'aurais gagné, donc ce n'est pas forcément une excuse. Ce que je sais c'est qu'en montant sur le plot, j'ai regardé le bout de la piscine et une phrase m'a traversé l'esprit : « Là-bas, c'est la retraite. » Ce n'est pas idéal de penser cela avant une finale olympique.

**En 2016, c'est le moment où la « génération dorée » décide de se retirer des bassins. Avez-vous conscience qu'une page incroyable de l'histoire de la natation française se referme avec vos retraites ?**
Oui, parce que, derrière, on ne voit pas trop de jeunes capables d'endosser ce rôle-là. Max [Grousset] était encore trop jeune. Yohann [Ndoye Brouard] aussi. Il y avait Charlotte [Bonnet], mais il lui a toujours manqué un petit quelque chose pour remporter des titres internationaux, alors qu'elle a réalisé des championnats d'Europe incroyables à Glasgow en 2018. On avait conscience que c'était la fin d'un cycle. Les gens ont une mémoire assez courte, mais, avant 2004, la natation française avait peu de titres aussi. On a toujours la sensation qu'il y a eu beaucoup de médailles aux JO pour les nageurs tricolores, mais c'est faux. Maintenant, évidemment il y a Léon [Marchand], mais aussi Maxime [Grousset], Yohann [Ndoye Brouard], Mewen [Tomac], Anastasiia [Kirpichnikova]...

**Peu de temps après, vous rejoignez le club de handball d'Aix-en-Provence. Qu'êtes-vous allé chercher là-bas ?**
Je vais chercher le plaisir. Je me retrouve avec des jeunes joueurs du centre de formation. Le handball, c'est un jeu et j'étais content d'aller à l'entraînement.

**À l'époque, vous aviez confié qu'il existait bien 1 % de chances de reprendre le fil de votre carrière de nageur. Pourquoi n'avez-vous jamais réellement fermé la porte ?**
J'étais encore jeune et capable de nager vite. Je n'aime jamais dire que c'est terminé complètement parce qu'on ne sait jamais ce qui peut se passer. La preuve, j'ai repris après. Il y a eu deux moments où j'ai ponctuellement eu envie de reprendre. Le premier lorsque j'étais consultant pour France Télévisions à Budapest en 2017 et à Glasgow en 2018. Le second, lors des interclubs à Istres fin 2018 où je nage super vite sur le relais 10 x 50 m. Je me casse le doigt au handball et je vois les temps des championnats du monde de natation qui ne sont pas fous. J'appelle James [Gibson] et je lui dis que je veux reprendre. Il était en train de monter une structure en Turquie avec des nageurs internationaux de renom, comme Ben [Proud], Chad [le Clos], Sarah [Sjöström]. Je trouvais ça bien de ne pas être en France, un peu à l'image de Léon avant les Jeux. On était plus tranquilles. C'était un beau défi.

**Le 19 mars 2019, vous annoncez donc votre retour.**
Je crois que c'est le même jour que Michael Jordan, sans faire exprès, et la même une de *L'Équipe* : « Je reviens. »

**2019, c'est aussi l'année où un certain Léon Marchand décroche son premier titre de champion de France à Rennes sur 200 m papillon. Le connaissiez-vous à cette époque-là ?**
Exact ! Je me rappelle que j'étais allé le féliciter dans le bassin de récupération. Je le connaissais parce que j'avais des posters de Xavier dans ma chambre quand j'étais petit et j'ai travaillé avec lui sur France Télévisions. J'ai

nagé dans le relais des journalistes avec lui en 2017 à Budapest. Je savais que Léon était un bon petit nageur prometteur. À ce moment-là, je le félicite, mais c'est impossible de penser qu'il va être aussi fort et qu'il sera comme un extraterrestre.

**Vous êtes ensuite tous les deux sélectionnés en équipe de France à l'occasion des Euro de Glasgow en petit bassin.**

C'est ça et j'avais regardé sa course du 400 m 4 nages. Je me rappelle que je l'embêtais un peu parce que c'était un nouveau et je l'avais pris un peu sous mon aile. Sur cette compétition, j'ai senti que je commençais à endosser ce rôle de passeur de témoin entre deux générations. Il était timide et je lui demandais de raconter des blagues devant tout le monde pendant les repas. C'était un peu délicat pour lui, mais c'était un bon moment.

**Le risque est grand lorsqu'on revient un an avant les JO, alors que les autres ont travaillé, et que le public veut tout de suite que l'on gagne. Aviez-vous conscience de cela ?**

Je savais que la plupart des gens pensaient que j'allais me planter, donc cela m'enlevait un petit peu de pression. Je réussis un très bon premier 50 m à Rome au Mare Nostrum pour mon retour [21''7]. Dans ma tête, je veux nager en 21''1 aux Jeux olympiques de Tokyo en 2020 et je me dis donc que ce n'est pas assez rapide, mais avec le recul, c'est vrai que je trouve impressionnant d'avoir réussi une performance pareille en dix semaines. C'était trop cool. C'était très bizarre à Rome parce que quand je suis monté sur le plot je me souviens m'être demandé ce que je faisais là. J'étais sur une ligne extérieure et finalement la course s'est bien passée. Quand j'arrive en compétition, normalement je sais un peu ce que je vais faire, mais cette fois je n'en n'avais aucune idée. J'avais réussi 21''9 à l'entraînement avec un chrono électronique, mais ce n'est pas pareil que la compétition. J'étais vraiment dans l'attente de savoir si mon projet allait pouvoir continuer.

**Alors que vous vous entraînez à l'étranger et que vous préparez les JO, le Covid arrive et la pandémie contraint le CIO à repousser d'un an les JO. Comment avez-vous accueilli la nouvelle ?**
Ça m'a un peu contrarié parce qu'au Luxembourg en janvier 2020, je nage le 50 m nage libre en 21''5 et je suis super-fort. À ce moment-là, j'étais conscient d'avoir de grandes chances de remporter une médaille, même si Caeleb [Dressel, l'Américain] était très solide. D'un autre côté j'allais avoir un an de plus pour me préparer.

**Au Japon, vous remportez la médaille d'argent. Cette fois avec le sourire. En quoi cela était-il différent de Rio ?**
J'ai réussi le défi que je m'étais fixé. À ce moment-là, je ne pensais pas du tout à Paris. La presse m'y faisait penser, mais j'étais concentré sur Tokyo. Je voulais remporter une médaille avec Pernille [Blume, nageuse danoise qui a également décroché une médaille sur 50 m nage libre]. C'était vraiment une belle histoire à Tokyo.

**Avec le report d'un an, il ne restait « plus » que trois ans à tenir jusqu'à Paris. Est-ce que cela a tout de suite été clair pour vous que vous alliez continuer votre carrière ?**
Le fait qu'il n'y ait que trois ans m'a vraiment aidé. Une olympiade, c'est quand même très long, j'ai du mal à me projeter. Los Angeles 2028, par exemple, me paraît très loin. On nous parlait de Paris depuis des années, donc c'était beaucoup plus palpable. C'était assez facile d'avoir un plan.

**La préparation pour Paris n'a ressemblé à aucune autre et vous avez pris la décision d'être au centre de votre projet. En quoi était-ce nécessaire pour vous de mettre en place ce fonctionnement ?**
À chaque fois je me suis réinventé et j'ai trouvé une nouvelle méthode. J'ai trouvé cette solution de m'entraîner avec Quentin [Coton] à Antibes, sous la supervision de James [Gibson]. Je suis arrivé à Paris en m'étant entraîné tout seul presque la moitié de l'année. En Afrique du Sud, j'étais vraiment seul contre moi-même et on ne triche pas avec soi. C'était vraiment très cool et je suis fier d'avoir été motivé pour m'entraîner tout seul.

**Vous n'avez jamais caché que parfois vous ne vous entraîniez pas beaucoup, vous sortiez. Ce n'est pas un discours que l'on a l'habitude d'entendre de la part d'un sportif de haut niveau. Pensez-vous que la parole devrait être davantage libérée à ce niveau-là ?**
J'ai toujours été très honnête et un peu en marge de ce point de vue parce que je mets le bonheur en priorité. Je n'avais pas réussi de bonnes performances aux Mondiaux 2022 et 2023 et j'avais envie de changer quelque chose dans ma manière d'appréhender la compétition. Pendant trois mois, j'ai beaucoup fait la fête et je suis arrivé aux Euro de Bucarest en petit bassin en 2024 fatigué et dans un état d'esprit totalement différent des autres. Ils étaient déjà tous concentrés sur les Jeux olympiques de Paris alors que ma préparation olympique n'avait pas débuté.

**Cela vous a-t-il fait douter quant à votre projet ?**
Moi, je ne doutais pas, mais mon entourage oui. Tout le monde se demandait ce que je faisais. J'ai eu des appels de Claude Onesta [manager général de la haute performance au sein de l'Agence nationale du sport] qui s'inquiétait pendant Bucarest. De mon côté, j'étais aligné avec ce que je voulais faire. Au début des Euro, c'était un peu difficile parce que j'avais tendance à être aspiré par les nageurs qui étaient concentrés sur les JO. J'en ai discuté avec Olivier Sangaria qui m'entraînait sur cette compétition et qui m'a rappelé que j'étais souriant aux championnats de France et que j'avais réussi une bonne compétition malgré mon manque d'entraînement. Pour lui, je devais garder cette ligne de conduite et ne pas tomber dans cette pression démesurée des Jeux olympiques qui approchaient. Il a été très important pour moi sur cette compétition. En finale du 50 m nage libre, je suis sur une ligne extérieure et j'essaie de jouer et de

Les relayeurs du 4 x 100 m 4 nages sur le podium olympique : Yohann Ndoye Brouard, Léon Marchand, Maxime Grousset et Florent Manaudou (de gauche à droite).

faire les choses différemment. Je remporte la médaille d'argent et cela contribue à rassurer mon entourage. Tout le monde m'a demandé comment je faisais pour répondre présent à chaque fois au bon moment. Mais j'aime bien en fait. J'arrive toujours à être bon au bon moment. Je sais que si jamais je vais à Los Angeles, les gens trouveront encore des choses à dire sur ma manière de m'entraîner. Je me connais parfaitement et je me conditionne. Je reste différent des autres, mais il faut me faire confiance.

**En 2024, vous êtes très sollicité par les Jeux en France. Vous êtes le premier à porter la flamme en France. Vous êtes désigné porte-drapeau. N'avez-vous pas eu peur que cela ait un impact négatif sur votre entraînement et vos performances ?**
Au contraire, cela m'a donné un rôle en plus. C'était un véritable objectif d'être porte-drapeau à l'occasion de ces JO en France. Aux championnats de France, j'ai vraiment bien nagé. Je savais que j'étais capable de remporter une médaille à Paris. Tout a glissé sur moi. Je n'avais pas trop de pression.

**Les Jeux débutent et Léon rafle tout. Est-ce que cela vous enlève de la pression ?**
Je suis très content de lui avoir passé le relais pour endosser ce rôle-là. Ce n'est pas quelque chose de très plaisant. On veut gagner pour nous, mais cette pression extérieure peut être compliquée à gérer. Je trouve que Léon a d'ailleurs été extraordinaire sur ce plan-là. À son âge, c'est assez impressionnant. J'allais à la piscine pour voir ses courses afin de m'imprégner de cette énergie du public, de cette ambiance incroyable. J'avais hâte de commencer.

**L'ambiance a d'ailleurs été incroyable avant la finale du 50 m nage libre et vous avez décidé de lancer un clapping dans la piscine.**
Pendant les Jeux, je me rends compte de l'ambiance qu'il y a et avant le 50 m nage libre, je dis à Quentin [Coton, son entraîneur] : « J'aimerais bien faire un clapping. » Les gens étaient venus pour vivre des émotions. Si je ne l'avais pas fait aux Jeux, je ne l'aurais jamais fait. Je le dis à Quentin et à Jean-François [Salessy, son agent], mais pas à James [Gibson] parce qu'il m'en aurait dissuadé. Je rentre sur la plage de départ, j'ai ça en tête, j'enlève le casque, je regarde le public et c'est venu naturellement. J'avais besoin de prendre cette énergie. Peut-être que ça pouvait aussi déstabiliser légèrement mes adversaires. Cameron [McEvoy, l'Australien qui a remporté la course] m'a dit qu'il avait adoré ce moment. On est toujours très fermés avant nos courses et je suis content d'avoir montré que c'était possible de profiter avant une course. Ce moment-là était incroyable.

**On le disait, vous avez toujours aimé le collectif. Après de nombreuses victoires avec le relais 4 x 100 m, vous remportez le bronze avec le 4 x 100 m 4 nages, une sorte de dream team avec Léon, Maxime et Yohann.**
Elle était ouf cette équipe ! On aurait aussi pu le gagner celui-là, mais les autres équipes ont nagé très vite aussi. C'était difficile parce qu'on est premiers quand je plonge et on termine troisièmes. Mais en regardant les temps, j'ai conscience que je n'aurais pas pu faire mieux. Je suis content de cette médaille même si j'ai souffert après les Jeux en pensant que j'avais peut-être fait perdre le relais. Sur le moment j'étais vraiment heureux d'avoir donné une médaille à Yohann [Ndoye Brouard] et aussi à Max [Grousset] qui aurait mérité d'en remporter une en individuel. Léon a été content de remporter une médaille avec moi et la réciproque est vraie. C'était le passage de témoin d'une génération à l'autre. C'était génial.

**Vous qui avez connu plusieurs générations dans cette équipe de France, quel regard portez-vous sur la nouvelle génération à laquelle vous avez, en quelque sorte, passé le flambeau ?**
Cette nouvelle génération s'émancipe et n'a pas cette peur de gagner parce qu'elle a vu des Français s'imposer avant. Quand on voit Mewen, Yohann, Max, ils ne font pas de complexe face aux Américains et aux Australiens. Je suis très content de ça. Il y a évidemment Léon, mais aussi Maxime qui a remporté beaucoup de médailles internationales, Yohann qui est champion d'Europe, Mewen qui remporte trois médailles aux Euro de Bucarest. On a une génération de fou et il faut en profiter.

PEAN CHAMPIONSH
TYR
3
MicroPlus

# 2018

## LES FILLES AU POUVOIR

Alors qu'elles étaient en retrait lors des grandes compétitions ces dernières années, les nageuses de l'équipe de France profitent des championnats d'Europe de Glasgow pour retrouver le devant de la scène. Porté par une Charlotte Bonnet au sommet de sa forme qui s'impose sur 200 m nage libre, le collectif féminin remporte quatre médailles en Écosse. Au-delà des performances individuelles, c'est surtout la victoire du relais 4 x 100 m nage libre qui marque les esprits. Marie Wattel, Charlotte Bonnet, Margaux Fabre et Béryl Gastaldello (Assia Touati et Anouchka Martin en séries) savent se mettre au diapason pour décrocher un titre historique, quatorze ans après le dernier, remporté en 2004 aux Euro de Madrid.

De gauche à droite : Marie Wattel, Margaux Fabre et Charlotte Bonnet célèbrent leur victoire sur le relais 4 x 100 m nage libre.

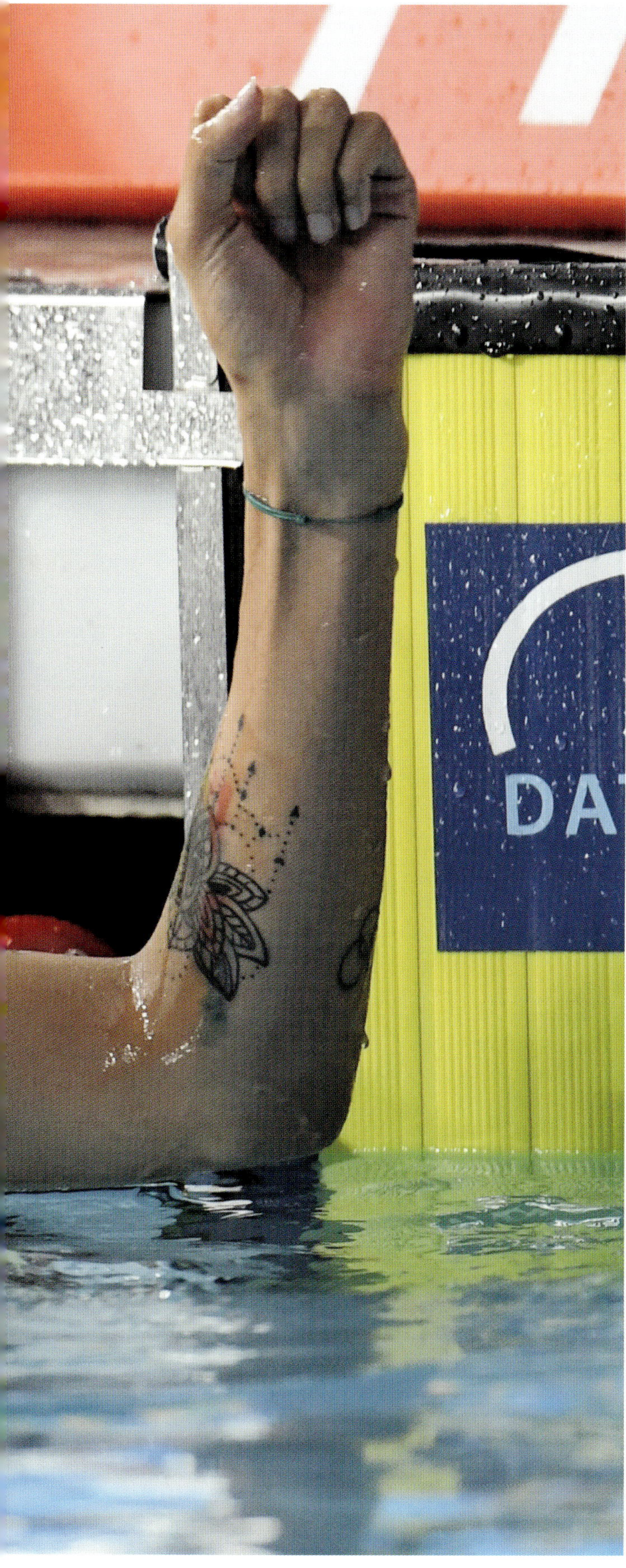


**Championnats d'Europe**
Glasgow (Écosse) - Août 2018

4 minutes 34 secondes et 17 centièmes. C'est le temps qu'il aura fallu à Fantine Lesaffre pour boucler la finale du 400 m 4 nages des championnats d'Europe de Glasgow et décrocher le titre européen. Après avoir battu le record de France en séries (4'36''17), Lesaffre l'améliore à nouveau de deux secondes en finale. Avec ce temps, la Française établit la deuxième meilleure performance mondiale de l'année 2018. De quoi lui donner un grand sourire et lancer de la meilleure des manières l'équipe de France de natation lors de ces championnats d'Europe.

« Le matin, les filles font un bon relais. De mon côté, je suis réservée pour l'après-midi. Après les séries, Assia [Touati] et Anouchka [Martin] sont venues me voir pour me dire que l'ambiance n'était pas très bonne en chambre d'appel. Je prends l'information et je me dis qu'il faut absolument qu'on arrive à être soudées. On savait qu'on n'était pas les meilleures amies du monde, mais c'était le premier jour des championnats et on avait l'occasion de lancer l'équipe de France sur une bonne dynamique. D'autant que Fantine [Lesaffre] s'était qualifiée pour la finale du 400 m 4 nages avec un excellent chrono. Mon objectif était de remobiliser les filles et de réussir à prendre sur moi parce que j'ai tendance à prendre l'énergie des autres. Je n'avais pas dormi de la sieste en raison du stress que je ressentais et de cette peur de ne pas réussir à mettre les filles dans les meilleures conditions pour ce relais. En fait, ça s'est trop bien passé dans la chambre d'appel. J'ai été franche avec les filles et je leur ai dit qu'on avait le potentiel pour s'imposer. On a mis tous les problèmes de côté et j'ai senti une vraie force collective à ce moment-là. »

**Charlotte Bonnet**

**Championnats d'Europe**
Glasgow (Écosse) - Août 2018

Galvanisées par la médaille d'or de Fantine Lesaffre sur 400 m 4 nages quelques instants plus tôt, les relayeuses tricolores du 4 x 100 m nage libre (de gauche à droite : Béryl Gastaldello, Charlotte Bonnet, Marie Wattel et Margaux Fabre) décrochent le titre européen en devançant pour douze centièmes les Pays-Bas. Cela faisait quatorze ans que la France n'avait pas remporté la médaille d'or européenne dans cette épreuve. À Madrid en 2004, les relayeuses françaises s'appelaient Solenne Figuès, Céline Couderc, Aurore Mongel et Malia Metella.

GLASGOW 2018
EUROPEAN

« Ce titre a été un vrai soulagement. C'était la première fois que j'étais fière de moi. Auparavant j'avais traversé beaucoup de moments compliqués, j'avais réalisé beaucoup de sacrifices. Depuis 2014, j'avais l'impression de stagner. Glasgow, c'est une consécration, un soulagement et une grande fierté. J'ai eu un premier déclic lors des championnats d'Europe de Copenhague en petit bassin en décembre 2017. Je remporte mon premier titre sur le 200 m nage libre, je prends la quatrième place du 100 m en améliorant le record de France, je bats également celui du 50 m. Toutes les planètes étaient alignées sur cette compétition. Je me suis sentie lancée dans une bonne dynamique. J'avais bien nagé toute l'année et je suis arrivée en pleine confiance à Glasgow. Cela ne m'a pas empêchée d'être très stressée avant la finale du 200 m nage libre. C'était la première fois que je me sentais capable de gagner une telle course. Je me suis dit que c'était mon moment, que j'avais traversé des périodes difficiles et que je méritais de remporter cette médaille. Je ne pouvais pas laisser quelqu'un d'autre gagner. »

**Charlotte Bonnet**

**Championnats d'Europe**
Glasgow (Écosse) - Août 2018

Déjà auréolée d'un titre de championne d'Europe sur 200 m nage libre en petit bassin fin 2017, Charlotte Bonnet remporte une nouvelle médaille d'or aux Euro de Glasgow. Au terme d'une finale maîtrisée de bout en bout, la Tricolore peut exulter avec cette première récompense en individuel en grand bassin. Avec un excellent chrono (1'54''95), la Niçoise devance la Néerlandaise Femke Heemskerk et la Russe Anastasia Guzhenkova.

FRA
BONNET

**Championnats d'Europe**
Glasgow (Écosse) - Août 2018

Chez les garçons, il faut compter sur Mehdy Metella pour assurer des médailles au clan tricolore. Médaillé de bronze du 100 m nage libre aux Mondiaux de Budapest en 2017, le Guyanais prend de nouveau la troisième place de l'épreuve reine (48''24) et la deuxième place du 100 m papillon (51''24). Avec la retraite des Gilot, Bousquet, Manaudou ou encore Lacourt, c'est bien Mehdy Metella qui s'affirme comme le leader de l'équipe de France masculine de natation.

TYR
METELLA

microplus
MANA

# 2019

## LE RETOUR DE FLORENT

À la retraite depuis 2016 et la fin des Jeux olympiques de Rio, Florent Manaudou surprend tout le monde lorsqu'il annonce le 19 mars son retour dans les bassins. En s'entourant de James Gibson en Turquie, le champion olympique du 50 m nage libre à Londres en 2012 rêve de décrocher une nouvelle médaille olympique aux Jeux olympiques de Tokyo en 2020. Présent aux championnats de France de Rennes un mois après cette annonce, Manaudou assiste au premier titre de champion de France du jeune Léon Marchand. Nageur très prometteur, le Toulousain s'impose pour la première fois sur la scène hexagonale en remportant le 200 m papillon. Les deux hommes rejoignent les rangs de l'équipe de France lors des championnats d'Europe de Glasgow en petit bassin en fin d'année 2019. Quelques mois plus tôt, à Gwangju (Corée du Sud), aux championnats du monde, David Aubry a décroché la seule médaille individuelle de la délégation tricolore en remportant le bronze du 800 m nage libre.

**Championnats de France**
Rennes (France) - Avril 2019

Les championnats de France 2019 se tiennent au sein de la magnifique piscine Bréquigny à Rennes. Si l'une des attractions de la semaine est l'apparition de Florent Manaudou, venu reprendre contact avec le milieu de la natation, il y a un autre événement qui va marquer cette compétition. Lors du troisième jour des championnats, un jeune nageur français de 17 ans réalise une performance remarquable et décroche son premier titre de champion de France. En remportant la finale nationale du 200 m papillon (1'58''60), Léon Marchand améliore la meilleure performance française. À l'arrivée, il exulte et tape dans l'eau avec un poing rageur. Florent Manaudou ne manque rien de cette course et n'hésite pas à aller féliciter le jeune Léon : « Rennes, c'est le début de son histoire. »

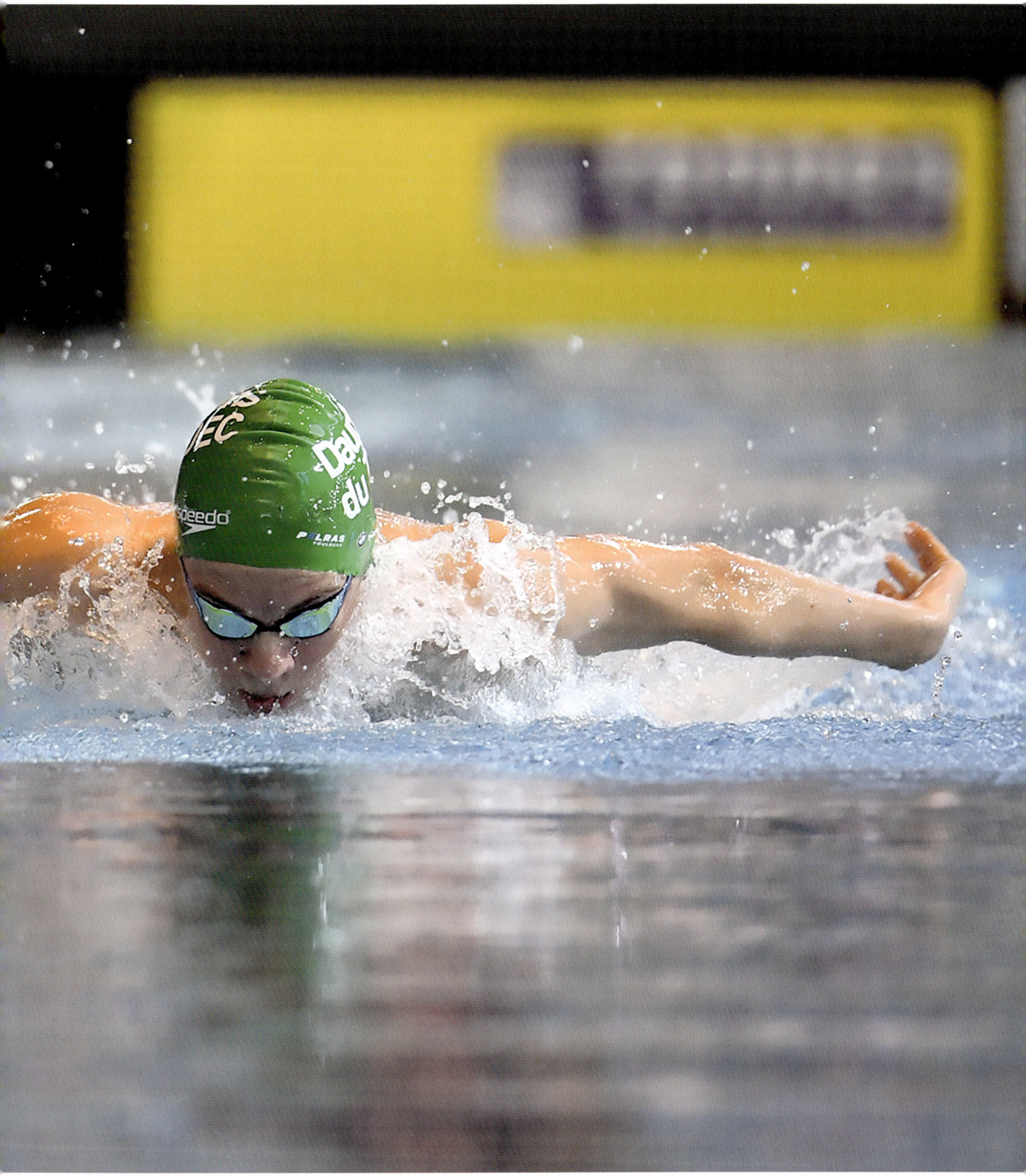

**Championnats du monde**
Gwangju (Corée du Sud) - Juillet 2019

Les championnats du monde de Gwangju en 2019 ne resteront pas comme un bon millésime pour l'équipe de France de natation. Mais un nageur réussit malgré tout à s'inviter sur un podium mondial. Sur la lancée de sa qualification olympique décrochée sur le 10 km en eau libre quelques jours plus tôt, David Aubry réussit un 800 m nage libre de haute volée pour prendre la troisième place avec un record de France à la clé (7'42''08). Une première médaille internationale pour le nageur tricolore qui, après ses jolies performances en eau libre, se découvre de belles ambitions en bassin. En Corée du Sud, le relais 4 x 100 m nage libre mixte apporte au clan tricolore une deuxième médaille.

Nikon
FRA
AUBRY
OMEGA

**Championnats d'Europe**
Glasgow (Écosse)
Décembre 2019

Florent Manaudou retrouve l'équipe de France à l'occasion des championnats d'Europe de Glasgow en petit bassin en décembre 2019. Dès son retour, le sprinter tricolore frappe fort en remportant la médaille d'argent du 50 m nage libre (20''66) et la médaille de bronze avec le relais 4 x 50 m nage libre mixte (1'28''86) en compagnie de Maxime Grousset, Béryl Gastaldello et Mélanie Henique.

**Championnats d'Europe**
Glasgow (Écosse)
Décembre 2019

Souvent très à l'aise en petit bassin, Mélanie Henique profite des Euro de Glasgow pour ajouter deux médailles individuelles à son palmarès : l'argent du 50 m nage libre et l'or du 50 m papillon avec un record de la compétition à la clé (24''56).

**Championnats d'Europe**
Glasgow (Écosse)
Décembre 2019

En Écosse, Béryl Gastaldello remporte trois médailles d'argent en individuel (100 m nage libre, 50 m papillon et 50 m dos). Elle participe aussi au titre du relais 4 x 50 m nage libre dames avec Mélanie Henique, Léna Bousquin et Anna Santamans et à la médaille de bronze du 4 x 50 m nage libre mixte avec Mélanie Henique, Maxime Grousset et Florent Manaudou.

TYR

# 2020

## STRAVIUS RANGE LE BONNET

Le mois de janvier à peine terminé, Jérémy Stravius, qui a notamment été champion du monde du 100 m dos en 2011 et champion olympique avec le relais 4 x 100 m nage libre en 2012, annonce mettre un terme à sa carrière. À quelques mois des Jeux olympiques de Tokyo, la nouvelle a de quoi surprendre. Mais celui qui a rejoint Nice pour tenter de se qualifier pour les JO sent que le moment est venu pour lui de s'éloigner des bassins, après de nombreuses campagnes remarquables avec l'équipe de France. Quelques semaines après cette annonce, la pandémie de Covid-19 qui sévit dans le monde entier contraint le Comité international olympique à prendre la décision du report des Jeux olympiques. Le monde du sport est à l'arrêt, les nageurs se confinent et devront patienter un an avant de vivre une nouvelle expérience olympique.

« Quand c'est l'heure, c'est l'heure ! Il ne faut pas se forcer à aller plus loin, même si j'avais d'autres objectifs au départ. Il était temps pour moi de raccrocher. Je n'avais aucun doute là-dessus. Je ne me posais même plus la question de savoir ce qui allait se passer par la suite. C'était une accumulation de plusieurs facteurs. De nombreuses personnes, parfois en raison d'un manque de communication, vont garder les choses pour elles et un jour ça explose. C'est un peu ce qui s'est passé pour moi. Il m'est arrivé de ne pas me sentir très bien, voire pas bien du tout. J'en étais à un moment de ma vie où je devais arrêter. Prendre cette décision plus tard aurait été encore plus difficile. Ça n'aurait pas été bénéfique, pour moi comme pour mon entourage. »

**Jérémy Stravius**

Jérémy Stravius, l'un des nageurs phares de l'équipe de France de natation, annonce mettre un terme à sa carrière le 29 janvier, à seulement six mois des Jeux olympiques de Tokyo.

4

# 2021

# LE PARI RÉUSSI DE MANAUDOU

Revenu dans les bassins, Florent Manaudou n'a qu'une seule obsession : remporter une nouvelle médaille olympique. Reportés d'un an en raison du Covid-19, les Jeux olympiques de Tokyo se tiennent bien à l'été 2021. Avec un an de plus pour travailler, le nageur tricolore réussit son incroyable retour en prenant la deuxième place du 50 m nage libre (21''55) derrière l'intouchable Américain Caeleb Dressel (21''07). Au Japon, Manaudou remporte la seule médaille du clan tricolore. Mais il n'y a pas que les breloques qui comptent et les Bleus sèment au Japon les graines de jolies performances futures. À commencer par Léon Marchand (19 ans), qui prend la sixième place de la finale du 400 m 4 nages pour sa première participation olympique. De son côté, Maxime Grousset termine au pied du podium du 100 m nage libre en réalisant à chaque fois son meilleur temps.

**Jeux olympiques**
Tokyo (Japon) - Août 2021

Seulement deuxième du 50 m nage libre des championnats de France de Chartres quelques semaines plus tôt (première défaite nationale sur la distance depuis 2012), Florent Manaudou réussit à se remobiliser à temps et retrouver son meilleur niveau au moment idoine. Si la médaille d'argent de Rio avait un goût amer, celle de Tokyo a presque le goût de l'or. Le Français devient le deuxième nageur de l'histoire, après l'Américain Gary Hall Jr., à remporter une troisième médaille olympique consécutive sur cette distance.

**Jeux olympiques**
Tokyo (Japon) - Juillet 2021

Maxime Grousset prend la 4e place du 100 m nage libre (47''72).

**Jeux olympiques**
Tokyo (Japon) - Juillet 2021

Après avoir battu le record de France du 100 m papillon en demi-finale (56''16), Marie Wattel prend la 6e place de la finale de l'épreuve (56''27).

FRANCE
MARCHAND

**Jeux olympiques**
Tokyo (Japon) - Juillet 2021

Pour ses premiers Jeux olympiques, Léon Marchand (19 ans) confirme les espoirs placés en lui. L'élève de Nicolas Castel à Toulouse se classe sixième de sa première finale olympique sur 400 m 4 nages (4'11''16). Un bel apprentissage pour celui qui s'apprête à traverser l'Atlantique pour s'entraîner avec Bob Bowman, le légendaire entraîneur de Michael Phelps.

« C'était tout simplement génial ! Je n'avais jamais vécu de telles sensations. J'étais satisfait de ma finale même si je n'avais pas réalisé mon meilleur temps. Je n'étais pas loin des meilleurs et dans un moment comme celui-là, c'est le plus important ! L'enchaînement entre les séries et la finale a été compliqué à gérer parce qu'on a terminé tard le soir. Il y a eu les soins, puis le repas et le coucher. Le lendemain, il a fallu se lever tôt. Mais j'ai réussi à rester focalisé sur mon objectif. J'ai essayé de partir plus vite que d'habitude sur la première partie de course pour tenter quelque chose de différent. Malheureusement, je craque sur la fin. C'était le moment pour tenter de nouvelles choses. Ça passera peut-être la prochaine fois. »

**Léon Marchand**

« Léon m'a envoyé un mail lorsque j'étais entraîneur en Arizona. Il m'a demandé si j'avais une place pour lui dans l'équipe. J'ai effectué quelques recherches et je lui ai répondu positivement. Dès son arrivée, il était en très bonne forme et réalisait de belles choses à l'entraînement. Je connaissais son nom grâce à son père, mais lui, je ne le connaissais pas directement. J'ai très vite remarqué qu'il était très talentueux, notamment dans ses ondulations. Il avait aussi un bon comportement, discret, mais décontracté. J'adore ça ! C'est facile de s'entendre avec lui. Il est très sympathique et se fait facilement des amis. Techniquement, il est excellent et il a peut-être les meilleurs coups de pied subaquatiques que j'ai vus, qui sont comme des torpilles. Il n'est pas très grand, mais très hydrodynamique. Il a aussi travaillé très dur en étant impliqué à 100 %. C'est la raison pour laquelle tout a été évident. Un moment fort de notre collaboration a été son titre et son record du monde sur 400 m 4 nages en 2023. Je pense que c'était le record de Michael [Phelps] le plus difficile à battre. Je savais que Léon s'en rapprochait au fur et à mesure des entraînements. Le fait que Michael soit présent et qu'il lui ait remis la médaille, c'était vraiment spécial pour moi. Je n'oublierai jamais ce moment. Léon était prêt et méritait de battre ce record. Il a travaillé très dur pour cela et je pense que Michael le comprend très bien. »

**Bob Bowman**

Après sa sixième place sur 400 m 4 nages aux Jeux olympiques de Tokyo, Léon Marchand débarque aux États-Unis où il débute sa collaboration avec Bob Bowman, l'entraîneur historique du plus grand nageur de tous les temps : Michael Phelps.

# UNE NOUVELLE GÉNÉ

**Si l'histoire de la natation française avait jusque-là été écrite comme de beaux romans, par ses championnes et champions, d'antan ou de temps récents, qui aurait pu prévoir le raz-de-marée provoqué par l'arrivée d'un prodige : Léon Marchand ? Olympien à 18 ans, il va conquérir un an plus tard sa première moisson de médailles internationales, entrant ainsi dans le paysage sportif français et international. D'abord discrètement, comme son caractère qui l'amène à apprécier les choses, il n'aura guère le choix que de se prendre un tsunami médiatique et populaire quand, en 2023, il dépossédera Michael Phelps, légende absolue, de son dernier record du monde. Propulsé vers la gloire, il concrétisera un rêve, le sien et celui de tout un peuple devenu supporter de « Léon » en s'adjugeant de nombreuses médailles mondiales et olympiques.**

## 2022-2025

# RATION EN OR

NA WORLD C
Yakult
DAPEST
2022
Fina
WATER IS OUR WORLD
MARC
#FINABuda

# « J'AI ENVIE DE RÉALISER ÉNORMÉMENT DE CHOSES DANS MON SPORT »

Quadruple champion olympique aux JO de Paris en 2024, Léon Marchand a été l'immense star de cette compétition. Dernier porteur de la flamme, qu'il a amenée des Tuileries jusqu'au Stade de France, le nageur tricolore a vécu deux semaines totalement folles. Depuis, il a changé de dimension et apprend à vivre avec sa nouvelle popularité. Si, à 22 ans, il a déjà réalisé beaucoup de ses rêves, Léon Marchand en a encore d'autres en tête pour la prochaine olympiade qui le conduira à Los Angeles en 2028.

**En 2019, vous remportez à Rennes votre premier titre de champion de France sur 200 m papillon. Vous souvenez-vous de vos émotions et sensations ?**

Il me semble que je prends la deuxième place de cette course derrière Jérémy [Desplanches, le Suisse, les nageurs étrangers ayant le droit de participer aux championnats de France] et je suis donc champion de France. J'avais déjà remporté mon premier titre de champion de France juniors à Rennes. C'est une piscine que j'apprécie particulièrement. Il y avait mes grands-parents dans les gradins. Les championnats de France avec les Dauphins du TOEC [son club] sont toujours particuliers et avec beaucoup d'encouragements. C'était vraiment excellent. Je ne savais pas encore ce que signifiait un titre de champion de France. J'étais encore très jeune et très heureux de remporter ce titre en améliorant mon meilleur temps. C'est un beau souvenir.

**Cette même année, vous décrochez vos premières médailles internationales juniors. Qu'est-ce que cela change dans votre parcours ?**

À la suite de ces médailles, j'ai l'impression de susciter davantage d'attentes et je commence à cogiter davantage. Aux Mondiaux juniors, je bats le record de France du 400 m 4 nages et je termine troisième d'une course de dingue. J'ai eu très vite envie de retourner à l'entraînement. J'étais très motivé et tous les gens autour de moi me soutenaient. Mais je suis sans doute revenu trop tôt, et en décembre 2019, c'était difficile physiquement et mentalement. On commençait à me coller l'étiquette de « grand espoir. » Je nageais un peu moins pour le plaisir et davantage pour des choses qui me dépassaient un peu.

**Vous vous qualifiez pour la première fois en équipe de France A en décembre 2019 aux Euro de Glasgow. Le capitaine du collectif est Florent Manaudou. Vous a-t-il pris sous son aile ?**

Lorsque tu rentres en équipe de France, il y a toujours un ancien qui s'occupe de toi. C'est Flo qui m'a donc pris sous son aile. J'avais un peu peur parce qu'il est impressionnant quand même [rires]. J'avais l'impression qu'il allait me demander de faire des choses absurdes, mais en fait il était hyper attentif à la manière dont je me sentais. Il a été hyper cool. Il m'a fait faire deux, trois blagues au milieu d'un restaurant où je devais me lever et parler en public, ce que je n'aime pas trop, mais ça ne m'a pas traumatisé. Il a fait un bon job !

**En quoi le confinement lié à la pandémie de Covid-19 vous a-t-il été bénéfique ?**

Cela m'a permis de faire une pause. Je crois que la compétition avant le Covid était à Nîmes, et j'ai nagé 4'24

au 400 m 4 nages en étant dans le dur. Je devais nager 4'12 aux championnats de France un mois et demi plus tard pour me qualifier pour les JO. Je m'étais dit : « Là, ça va être chaud. » Le confinement est décrété et tout s'arrête. J'ai passé trois mois chez moi à faire autre chose que de la natation. On a aussi eu un chien à la maison et tout cela m'a vidé la tête. Le report des Jeux m'a permis d'avoir plus de temps pour me préparer. J'ai aussi commencé à me renseigner sur la préparation mentale. J'ai pris contact avec Thomas Sammut et nous avons débuté notre collaboration à ce moment-là.

**Votre 400 m 4 nages aux championnats de France de Chartres a vraiment impressionné les observateurs. Avez-vous eu le sentiment de frapper un grand coup à cet instant ?**

C'était un autre moment important dans ma carrière. Après le Covid, je suis très vite revenu à mon niveau. J'avais vraiment une approche différente dans mes courses en étant plus détendu, plus souriant avant les compétitions. Ma progression a alors explosé en 2021. Sauf qu'en arrivant à Chartres, je ne me sentais pas bien. L'une de mes grands-mères était décédée quelques jours avant. J'avais des sensations bizarres dans l'eau et j'étais stressé de ne pas me qualifier aux JO. Le matin, je crois que je réalise un chrono de 4'20. Le soir, je pense que je fais un des meilleurs 400 m 4 nages de ma vie, parce que je me suis donné à 300 %. Je n'avais pas plus en moi. Je remplis donc mon objectif en me qualifiant pour les JO et je passe sous les 4'10 [4'09''65]. Cela me place dans le top 3 mondial. C'est un cap important dans ma carrière.

**Comment avez-vous vécu les JO de Tokyo et votre sixième place du 400 m 4 nages ?**

J'étais déjà très content d'y être. Je me sentais bien et je voulais entrer en finale. En séries, je nage avec le Japonais Daiya Seto qui était le favori de l'épreuve et qui était à domicile. Mais il n'y avait pas de supporters donc ça ne changeait rien [rires]. J'avais déjà nagé contre lui et à chaque fois je terminais à cinq ou dix secondes sur un 200 m. Je me suis accroché à lui et finalement je passe devant en brasse. Tout le monde a nagé très vite, mais je prends la sixième place des séries et je me qualifie pour la finale.

C'était une grosse soirée ensuite avec le contrôle antidopage, les médias, etc. Je sors de la piscine à 1 heure du matin et la finale est à 9 heures. J'ai dû dormir quatre ou cinq heures en tout. Je me réveille avec le stress de la finale, ma première aux Jeux. Je donne tout, je pars super vite, premier je crois en papillon, aux 300 m je suis encore deuxième ou troisième et je craque un petit peu sur le dernier 100 m. C'était une des courses les plus difficiles que j'ai pu faire. J'ai tout donné et je suis sixième aux Jeux. Pour moi, c'était super positif. J'ai emmagasiné beaucoup de confiance à Tokyo.

**À l'issue des JO, vous quittez Toulouse pour vous installer aux États-Unis avec Bob Bowman. En quoi cela a-t-il donné une nouvelle impulsion à votre carrière ?**
J'avais prévu de partir aux États-Unis avant même les JO de Tokyo. Au Japon, Chase Kalisz est champion olympique en 4'09''42, très proche de mon meilleur temps. Cela me permet de désacraliser un peu l'événement. Je me dis que ce n'est pas si immense que ça. À ce moment-là, partir avec Bob [Bowman, entraîneur historique de Michael Phelps] était la meilleure chose à faire. Il me restait trois ans pour préparer les JO de Paris. Bob a une expérience incroyable, notamment sur 200 et 400 m 4 nages et je ne vois pas comment cela peut ne pas fonctionner.

**Pour autant, on a toujours senti que la présence de votre entraîneur en France, Nicolas Castel, était primordiale pour vous. En quoi était-ce essentiel de conserver son regard sur votre progression ?**
Oui, parce que Nico c'est mon pote [rires] ! On a tout fait ensemble, je le respecte énormément. Il m'a amené à la sixième place aux Jeux. Cette place elle est à nous deux. On a énormément évolué tous les deux au cours de ces années précédant Tokyo. Quand je lui ai parlé de ce voyage aux États-Unis, il a tout de suite été hyper ouvert, il a compris. Il avait envie de faire partie du projet et j'avais aussi envie qu'il vive un peu le truc avec moi.

**En 2022, vous remportez vos premiers titres mondiaux à Budapest. Comment avez-vous abordé cette compétition ?**
Je ne pensais pas être capable de réaliser ce genre de performances. En 2022, je n'avais pas disputé beaucoup de compétitions en grand bassin. Aux États-Unis, tout tournait autour des NCAA, le championnat universitaire américain. Les championnats du monde n'étaient même plus dans ma tête. La saison en grand bassin débute véritablement au mois de mai pour moi. Je me qualifie pour les Mondiaux de Budapest sur une compétition aux États-Unis et mes chronos sont très corrects, sachant que je ne m'étais pas vraiment préparé pour ça. En arrivant à Budapest, je sais que je suis en forme, mais j'ai l'impression que je ne pourrai pas améliorer mon meilleur temps. Ma seule ambition est de donner mon maximum. Finalement, je réussis une magnifique course et réalise un temps de 4'04, à quelques dixièmes de secondes du record du monde de Michael Phelps. Mais ce n'est pas le temps qui comptait puisque j'étais champion du monde pour la première fois. Il y avait mes grands-parents dans les gradins, qui avaient fait la route en camping-car de France jusqu'à Budapest, il y avait aussi mes parents, la famille, des amis, donc c'était trop bien.

**On dit souvent que le plus difficile est de confirmer ses victoires et de gagner de nouveau. Y avez-vous songé à l'issue des Mondiaux de Budapest ?**
À l'issue des Mondiaux, j'ai la sensation d'avoir donné tout ce que j'avais, mais également d'avoir commis pas mal d'erreurs. Je vois de nombreux axes d'amélioration et je me sens capable de nager plus vite l'année suivante aux Mondiaux de Fukuoka avec le record du monde [4'03''84] dans un coin de ma tête. Tout au long de l'année 2023, je commence à comprendre que les gens attendent que je gagne de nouveau, ce qui n'est pas forcément simple. Il y avait une petite pression en plus, mais ce n'était pas inatteignable. J'étais concentré sur mon travail et ma volonté d'améliorer ma stratégie de course.

**Racontez-nous cette finale du 400 m 4 nages de Fukuoka. Une course incroyable où vous nagez tout seul contre le chronomètre.**
En séries, je nage très vite [4'08''30] sans avoir trop forcé. Je me dis que le soir, je peux battre ce record du monde. C'est une sensation très agréable. En arrivant en chambre d'appel pour la finale, j'ai ressenti beaucoup de pression et ce n'était pas pour gagner, mais vraiment pour battre le record du monde. En arrivant au bord du bassin, je vois sur le grand écran Michael Phelps dans les gradins. Tout était réuni pour que le record du monde soit battu ce soir-là. Ce n'est pas forcément la meilleure façon d'aborder un 400 m 4 nages, mais Bob m'avait bien préparé. Je nage sans trop regarder ce qui se passe à côté. Je pars très vite, relâché. Il y avait beaucoup d'ambiance dans cette piscine. Je touche le mur et je vois le chrono [4'02''50]. Je bats le record du monde ! C'est très rare d'avoir un tel objectif et de l'atteindre au bon moment. Durant la journée, je pensais à ce record et je savais que j'étais capable de le battre. Je n'avais pas trop de doutes en vérité. C'était assez fou.

**Est-ce plus important de battre des records du monde ou d'être champion du monde selon vous ?**
La base de notre discipline est d'être bon à un instant précis. Même s'il y a des gens qui ont nagé plus vite durant la saison, ça ne change rien. Nicolò Martinenghi est champion olympique du 100 m brasse à Paris et ça, personne ne va lui enlever. Les records, c'est excitant et ça permet de se dépasser à l'entraînement, de repousser un peu les limites de mon sport. C'est très fun, mais ce n'est pas ce qui reste à la fin.

**Pouvez-vous nous confier ce que vous a dit Michael Phelps à l'issue de ce 400 m 4 nages de Fukuoka ?**
La première chose qu'il me dit, c'est : « Je crois que tu peux nager plus vite. En crawl tu peux faire mieux, en dos aussi. On va en parler avec Bob, on va élaborer une stratégie. » Ensuite il m'a quand même dit « Bravo » [rires]. Le podium à ses côtés était fort en émotion. C'est comme un rêve de gosse de battre le record du monde de Michael Phelps alors qu'il est dans les gradins. À cet instant, les planètes s'alignent. J'ai toujours regardé les courses de Michael comme si c'était un dieu. Il l'est d'ailleurs [rires].

**Cette fois, le monde de la natation vous connaît parfaitement et tout le monde est persuadé que vous brillerez à Paris aux JO. Le fait de vous entraîner aux États-Unis vous a-t-il préservé de cette pression médiatique ?**
C'est vrai que cela m'a beaucoup aidé. Après le Japon, j'étais connu dans le monde de la natation et, à Toulouse, il y avait parfois quelques personnes qui me reconnaissaient dans la rue. C'était assez bizarre, mais encore facile à gérer. J'étais quand même bien content d'être aux États-Unis parce que là-bas, on parlait à peine des JO de Paris. J'étais juste un étudiant normal. En France, trois ou quatre mois avant les Jeux, les médias diffusaient des pubs, des interviews d'athlètes. Je n'ai rien fait de tout ça, je n'ai rien vu et j'étais concentré sur mon projet. Ma vie n'a pas changé l'année des Jeux et je pense que ça m'a vraiment aidé mentalement. Quand je suis rentré en France, ça m'a fait bizarre. En allumant la télé, j'entendais parler des JO. Dans la rue, on te parle de ça. Pour un sportif qui est censé être favori dans son épreuve, forcément, ça fait bizarre.

**Toute l'année vous maintenez le suspense sur votre programme aux JO. Comment est né ce défi fou du quadruplé et notamment du doublé inédit 200 m brasse – 200 m papillon ?**
Chaque année j'ai voulu réaliser ce doublé. Je n'ai jamais eu l'occasion de participer au 200 m brasse aux championnats du monde. À Fukuoka en 2023, c'était le même jour que le 200 m 4 nages sur lequel Bob préférait que je me concentre. je l'ai un peu regretté d'autant que je n'avais pas l'impression que c'était inatteignable pour moi de remporter le 200 m brasse en regardant la course. À cet instant, je me dis qu'il faut absolument que je le tente à Paris.
Sauf que le programme ne me le permettait pas vraiment. Il n'y avait que dix minutes entre le 200 m papillon et le 200 m brasse. J'étais assez fou pour me dire : « Pourquoi pas ? » J'avais vraiment envie de le faire et je savais qu'en brasse, j'avais une facilité. Un jour, Bob me sort de l'eau pendant l'entraînement et me dit : « Le programme a changé. Il y a une heure au lieu de dix minutes entre les deux courses. Tu veux le faire ? » Et je lui réponds : « Ouais, carrément ! » C'était assez longtemps avant les Jeux. Puis je replonge directement dans l'eau et je prépare mon 200 m brasse. J'ai toujours fait de la brasse et du papillon à l'entraînement, mais cette fois, je pouvais m'y préparer également psychologiquement. C'était un objectif suffisamment difficile pour me motiver et me changer de ma routine. C'est parti de là.

**A-t-il été difficile de convaincre Bob de vous suivre dans ce défi ?**
Tous les gens que j'ai rencontré m'ont dit que ce ne serait pas possible. Même Bob n'était pas vraiment chaud. Il pensait que j'en étais capable, mais que ça risquait d'impacter le 200 m 4 nages du dernier jour. C'est la première fois que je le voyais douter. C'est aussi pour ça que ça a rendu le défi encore plus insensé. Je n'en ai pas parlé aux médias parce que j'avais toujours le doute de me dire que la semaine des Jeux je n'allais pas me sentir bien et que j'allais enlever une course. Mais dans ma tête, j'allais faire les deux.

**Vous avez d'ailleurs fait vivre sur cette première course du doublé l'un des moments les plus marquants des Jeux olympiques. Pouvez-vous nous raconter les 50 derniers mètres de votre 200 m papillon ?**
Les planètes s'alignent au virage du 150 m. Je pense que c'est un moment que j'avais visualisé sans le savoir, parce que je touche le mur et je me dis « Ah, on y est. » Il y a toute la foule derrière moi, je suis peut-être à une seconde et demie de Kristof Milak [en réalité, 72 centièmes], ce n'est pas si loin parce qu'on sait que quand il nage un 200 m papillon, tout le monde est à cinq ou dix secondes derrière. Et surtout, j'ai les jambes. Il me reste encore de l'énergie, je n'ai pas trop de courbatures. Je me dis que c'est possible et là, je lâche la meilleure coulée de ma vie. Le bruit qu'il y avait, c'était fou. Les vibrations que j'ai ressenti dans ce dernier 50 m, c'était incroyable. À la sortie de la coulée, je suis toujours deuxième, mais ce n'était pas vraiment important. Ce qui l'était, c'était ce que j'allais donner sur les derniers 25 m. Et au final, ce n'était pas si difficile parce que la piscine entière m'aidait à avancer. Ça me donnait un rythme qui me permettait de poursuivre mon effort, de régénérer mon énergie et

de finir comme il le fallait. Il y a un moment, une demi-seconde, où je vois vraiment que Kristof Milak commence à faiblir. Et là je me dis : « C'est bon, c'est le moment. J'y vais à fond. » Je ne pense plus du tout au 200 m brasse qui va suivre, je l'ai complètement oublié. Je donne tout et je touche devant.

**Ensuite, vous vivez ce relais avec les garçons. Une véritable dream team. Quel est l'impact d'une médaille collective par rapport aux médailles individuelles ?**
Ce n'est pas du tout la même saveur. C'est comme quand je suis arrivé aux États-Unis et qu'on a gagné un titre, le NCAA par exemple. C'est un truc que tu partages, tu ne nages pas que pour toi. Au lieu de célébrer tout seul, tu profites avec tes potes. Il y a vraiment un truc différent. J'étais heureux et fier de pouvoir participer à ce relais et surtout de le partager avec Max [Grousset], Yo [Ndoye Brouard] et Flo [Manaudou]. Ce sont des personnes avec qui je m'entends super bien depuis mes débuts en équipe de France et on a toujours parlé de ce relais. Même au tout début. À Budapest, déjà, on se disait qu'on pouvait faire un truc à Paris. Je me lance pour mon 100 m brasse, je donne tout ce que je peux. Je ne suis pas forcément un spécialiste de cette distance, mais je nage quand même assez vite. Je sors de l'eau, je suis à fond. Je suis juste derrière Flo avant qu'il ne s'élance. Il met les pieds sur son plot et je le vois trembler. Là je me dis : « On y est quoi ! » Florent Manaudou qui tremble pour notre relais, c'est qu'on est vraiment dedans. La piscine prend feu encore une fois quand Maxime nage en papillon et qu'il fait un chrono incroyable. Et Flo réalise une magnifique course. Ça se joue à la touche, on est troisièmes et c'était excellent. Le fait de le partager, c'est ce qui m'a vraiment touché. C'est peut-être un des moments les plus marquants des JO pour moi. On touche le mur, on remporte une médaille olympique ensemble, il y a quelque chose de spécial.

**La deuxième semaine des JO est fantastique pour vous et à chaque apparition le public s'enflamme, comme au basket où LeBron James pensait recevoir une ovation qui vous était destinée. Comment avez-vous vécu tous ces moments ?**
La deuxième semaine, tout bug [rires]. Je vis des choses sans comprendre réellement ce qui se passe. Il y a d'abord les célébrations au club France. C'était la folie. On passait de média en média au milieu de la foule, les gens étaient complètement fous et criaient mon nom. J'étais isolé pendant la première semaine des Jeux. Je n'étais même pas au village, mais dans un appartement à côté de la

piscine, concentré sur mes courses, ce que j'avais à faire et j'avais vraiment coupé toute sorte de réseau social. Je n'avais pas regardé ce qui se passait autour de moi, j'ai bien fait d'ailleurs. Ça m'est tombé dessus d'un coup. Il y a aussi eu la parade au Trocadéro, les interviews avec mes sponsors, la tour Montparnasse, la séance photo sur la tour Eiffel avec mon petit frère Oscar. Et ensuite cette demi-finale du basket.

**À quel moment comprenez-vous que l'ovation vous est destinée ?**
J'étais invité en loge et je m'y suis rendu avec mon avocate et mon petit frère. J'arrive, on regarde le premier quart-temps et, je ne sais pas pourquoi, le stade commence à crier un truc. Oscar me dit : « Ils sont en train de crier ton nom, vas-y, lève-toi ! » Je me lève et c'est la folie générale. C'est complètement dingue. Je n'avais jamais vu ça de ma vie. J'ai vu plus tard que LeBron James pensait que le public l'acclamait. Ensuite, tous les jours il y avait une polémique sur les réseaux, comme celle avec la petite fille à qui je n'ai pas pu donner de dédicace. Je me dis : « Ah oui, c'est ça la popularité. Je n'avais pas imaginé ça comme ça. » C'était assez choquant au début, et après, je m'y suis habitué, et surtout, c'était hallucinant de voir ça pour du sport.

**La presse a évoqué votre rôle de porte-drapeau pour la cérémonie de clôture. Ça n'a finalement pas été le cas. À quel moment avez-vous appris que vous seriez le dernier porteur de la flamme olympique ?**
Tony Estanguet m'a appelé. Il voulait qu'on dîne ensemble, quatre ou cinq jours avant la fin des Jeux. Je pensais qu'il allait me proposer d'être le porte-drapeau de la cérémonie de clôture. En fait, il me soumet deux options : « Soit tu es porte-drapeau, soit tu fermes les Jeux olympiques. » Il m'explique qu'il y aura une scène où je soufflerai sur la flamme pour fermer les Jeux olympiques de Paris. Ce sera presque le dernier plan-séquence des JO. Ma décision était prise : j'ai envie d'éteindre la flamme. Je lui dis que pourtant j'allais y réfléchir. Je voulais tout de même en parler à mes parents. Je l'ai recontacté deux ou trois jours avant la fin des Jeux pour lui faire part de mon envie de clôturer les Jeux de cette manière.

**Pouvez-vous nous raconter cette soirée-là justement et cette scène assez magique où l'on vous voit débarquer au jardin des Tuileries, jusqu'au Stade de France ?**
En fait, on était en direct tout le long. Je suis arrivé la journée pour quelques répétitions. J'avais une oreillette et on me dit de marcher cent secondes. J'ai un décompte dans l'oreille pendant ce temps. J'ai aussi quelques actions en mode acteur pendant la scène [sourire] et à la fin je dois brandir la flamme aux Tuileries. Une fois que c'était fait, il fallait se dépêcher d'aller prendre un van. Il y avait une escorte et ils avaient fermé toutes les rues de Paris jusqu'au Stade de France, pour nous. Il y avait aussi mon petit frère et mon avocate avec moi, on a vécu le truc ensemble. On a amené la flamme jusqu'au Stade de France, mais en réalité on avait deux heures de marge. Il n'y avait peut-être pas besoin de fermer tout Paris [rires]. On s'est retrouvés en loges du Stade de France à attendre que ce soit mon moment pour entrer en scène. J'ai regardé la cérémonie de clôture puis j'ai remis le même costume, comme s'il n'y avait eu aucun changement depuis le début et j'ai repris la flamme pour cette dernière scène.

**Vous avez déjà accompli énormément de choses dans votre jeune carrière. Vous reste-t-il encore des rêves ?**
Oui, bien sûr. Il y a quand même eu un petit moment où j'ai pensé que j'avais vécu quelque chose de tellement énorme et intense que la suite allait être vide. Mais finalement, ce n'est pas le cas. J'ai envie de battre des records, changer de discipline. J'ai envie de nager davantage en crawl par exemple, mais aussi de participer aux relais. J'ai vraiment la volonté d'intégrer le relais 4 x 100 m nage libre à Los Angeles. En fait, j'ai envie de réaliser énormément de choses dans mon sport.

USA
FRANCE
FRANCE
FRANCE

# 2022

# LES BLEUS SUR TOUS LES FRONTS

Après deux années marquées par la pandémie mondiale et la crise sanitaire, le sport reprend ses droits et la natation a un beau programme. En raison des reports, des championnats du monde grand bassin à Budapest, petit bassin à Melbourne et des championnats d'Europe à Rome auront lieu cette année. Un véritable bonheur pour les fans, un défi à relever pour les nageurs. D'autant plus qu'un an après les Jeux de Tokyo, il est temps pour certains de se révéler et pour d'autres de se relancer. 2022 sera la première pierre de la légende Léon Marchand, emportant avec lui une vague bleue plus belle que jamais, avec les réussites de Maxime Grousset, Marie Wattel et Yohann Ndoye Brouard.

**Championnats du monde**
Budapest (Hongrie) - Juin 2022

Maxime Grousset décroche les médailles d'argent du 100 m nage libre et de bronze du 50 m papillon.

**Championnats du monde**
Budapest (Hongrie) - Juin 2022

Mélanie Henique se pare d'argent sur 50 m papillon.

**Championnats du monde**
Budapest (Hongrie) - Juin 2022

La première moisson de Léon Marchand. À 19 ans et à peine un an après ses premiers Jeux olympiques, le jeune Toulousain, qui a déjà pris du muscle, a aussi pris du galon. Sacré pour la première fois sur la scène internationale sur 400 m 4 nages avec la deuxième meilleure performance de tous les temps derrière Michael Phelps (4'4''28), il obtient ensuite l'argent sur 200 m papillon avant de s'offrir un second titre sur 200 m 4 nages (1'5''75), devenant ainsi le troisième nageur à remporter deux médailles d'or individuelles sur une même édition, après Laure et Florent Manaudou. Une star est née.

« C'était une émotion de dingue parce que je n'étais pas totalement satisfaite de ma performance aux Jeux olympiques l'année d'avant. J'ai terminé sixième de cette finale olympique avec la neuvième performance de tous les temps à ce moment-là. Je me rends compte que même en réalisant un chrono de fou, je n'aurai peut-être jamais de médaille aux championnats du monde. À Budapest, je me suis prouvée à moi-même que j'étais capable de ça. À l'arrivée, c'était une super-sensation, un super-souvenir. C'était beaucoup d'émotions, parce que j'ai pensé à tous les moments difficiles que j'avais eus et c'était la récompense. Je tenais absolument à profiter de chaque moment de ce podium. J'étais déjà en larmes en attendant la cérémonie protocolaire. Quand un moment dont tu as rêvé toute ta vie arrive, tu profites de chaque instant. Je me souviens aussi que Torri [Huske] m'a demandé ce que j'allais faire après, et j'ai simplement répondu que j'allais fêter ça, alors que c'était le premier jour et  que je devais encore nager. J'avais complètement oublié le reste de la compétition. »

**Marie Wattel**

**Championnats du monde**
Budapest (Hongrie) - Juin 2022

Les mains rejoignent son visage, l'émotion prend place, d'abord la rage de la médaille, puis les larmes, un bon moment, pour savourer cette médaille d'argent, moins d'un an après sa déception olympique à Tokyo (6$^{e}$). Dans une piscine qui l'a vue devenir championne d'Europe un an plus tôt, Marie Wattel passe un sacré cap sur le plan international, montrant qu'il faut composer avec elle désormais. Deuxième avec un nouveau record de France (56''14) derrière l'Américaine Torri Huske, l'Annécienne émeut la France et confirme ses espoirs.

TYR
speedo

« J'arrive en demi-finale bien mentalement et, au moment du départ, je sens que sous mes pieds, il n'y a rien, la barre s'est affaissée. Je sors de l'eau alors que tout le monde nage encore. Il s'était mis à pleuvoir juste avant, donc ça faisait vraiment scénario de film dramatique. Mais je savais que ce n'était pas de ma faute, alors je suis allé à la table de marque, ils ont compris ma requête et l'ont acceptée. Et là, il a fallu que je me prépare pour une nouvelle course. J'attendais, parce que tous les podiums étaient passés. Au moment où je rentre, je me rends compte que tout le public est resté, presque huit mille personnes. J'ai eu un choc et je me suis dit que tous ces gens étaient venus voir le show. Je fais le deuxième temps à deux dixièmes de mon record de France. Pour moi, l'histoire était finie, parce que j'avais fait ce que je voulais et il ne pouvait rien m'arriver le lendemain. En finale, la course se passe bien, je suis frais au moment d'entamer les 50 derniers mètres. J'ai réussi une bonne coulée et ensuite j'ai compris que j'étais devant. Je touche, je vois numéro un et c'est un moment énorme avec ma famille dans les gradins, pleins de drapeaux français. Avec le podium après, c'était magique. »

**Yohann Ndoye Brouard**

**Championnats d'Europe**
Rome (Italie) - Août 2022

Il est de ces épopées qui marquent les esprits et font date. Contre les éléments, un plot de départ défaillant qui l'a empêché de disputer sa demi-finale, et l'a forcé à devoir renager seul en fin de session, Yohann Ndoye Brouard se qualifie en finale et devient, le lendemain, champion d'Europe du 200 m dos avec un nouveau record de France (1'55''62).

**Championnats d'Europe**
Rome (Italie) - Août 2022

Ils remettent leur bleu de chauffe et vont en terres romaines de conquête en conquête. Les Bleus, au féminin comme au masculin, brillent dans le stade nautique en plein air du Foro Italico. Éclairée par le dieu du soleil, Sol, cette semaine italienne trouvera son point d'orgue avec le titre européen pour le relais 4 x 100 m nage libre mixte. Avec Charles Rihoux, Charlotte Bonnet, Marie Wattel et Maxime Grousset (de gauche à droite sur la photo), l'équipe de France est intouchable. Si l'adage veut que l'union fasse la force, les bleu blanc rouge de Rome y sont pour beaucoup. Avec les médailles d'argent sur 4 x 100 m 4 nages féminin et masculin ainsi que sur 4 x 200 m mixte et le bronze sur 4 x 200 m hommes, le contingent français sort de cette semaine romaine grandi de 13 nouvelles médailles européennes et d'une sixième place au rang des médailles.

**Les médaillés de Rome**

Si les relais ont brillé et lancé une dynamique, c'est aussi en individuel que le drapeau français se hisse haut. Comme c'est le cas, au plus haut, pour Analia Pigrée, championne d'Europe du 50 m dos avec un nouveau record de France (27''27), quelques semaines après sa médaille d'argent à Budapest. Elle est l'une des deux médaillées individuelles féminines avec Charlotte Bonnet, en argent sur 100 m nage libre (53''62). Du côté des hommes, en plus du sacre de Ndoye Brouard, c'est Damien Joly qui, à 30 ans, vient chercher sa première médaille internationale avec le bronze sur 1 500 m (14'50''86).

UnipolSai
ASSICURAZIONI
microPlus
DATA PROCESSING & TIMING
LEN european aquatics
ROMA 2022
FFN

TYR
TYR
arena
arena

**Championnats du monde**
Melbourne (Australie) - Décembre 2022

Melbourne, vendredi 16 décembre 2022. Il est très tôt en France alors que l'heure est déjà à la bagarre dans le Down Under. Au départ du 4 x 50 m nage libre mixte, ce que d'aucuns pourraient appeler une dream team va représenter l'équipe de France. Dans l'ordre, Maxime Grousset, puis Florent Manaudou, Béryl Gastaldello et Mélanie Henique. C'est simple : il n'y a pas mieux et plus homogène en face. Favoris et qualifiés avec le meilleur temps, les Bleus ont la pression, mais surtout l'envie de battre l'Australie chez elle. Le centre aquatique de Melbourne bouillonne, les fauves attendent les ordres du starter. Ensuite, comme une belle histoire que l'on conte à un enfant avant de dormir, tout se passe idéalement. Propulsée par Maxime Grousset, mise en orbite par Florent Manaudou, dans la stratosphère grâce à Béryl Gastaldello, l'équipe de France atteint la lévitation avec Mélanie Henique qui, en arrêtant le chrono en 1'27''33, offre le record du monde aux siens. Béryl Gastaldello résumera : « Elle est incroyable cette énergie. Jusqu'à même ressentir de l'amour, oui de l'amour ! J'en profite pour dire que je les aime. » Au-dessus des nuages et des kangourous.

世界水泳 FUKUOK
MARCHAND
FFN

# 2023

# LÉON MARCHAND DEVANT MICHAEL PHELPS

Si certains mettent une vie et toute une carrière pour devenir d'immenses champions, ou mieux, des légendes, d'autres n'ont pas besoin d'attendre autant de temps. À quoi bon, après tout ? Léon Marchand n'est plus l'inconnu d'il y a un an, le petit jeune qui sortait de ses premiers Jeux. Il est double champion du monde, mais cela ne lui suffit plus. En plus d'engranger en quatre nages, le Toulousain de 21 ans veut montrer qu'il excelle aussi sur ses spécialités. 2023 se révélera être la confirmation d'un ovni, lorsqu'au Japon le jeune homme ôte à Michael Phelps, ex-protégé de son propre entraîneur Bob Bowman, son dernier record du monde. Un moment magique qui a certainement donné une motivation supplémentaire à Maxime Grousset qui conquiert son premier sacre mondial cette même année.

**Championnats du monde**
Fukuoka (Japon) - Juillet 2023

L'air est humide, comme toujours à Fukuoka, mais l'atmosphère est particulière ce soir du 23 juillet. Quelques dizaines de minutes après le record du monde d'Ariarne Titmus sur 400 m, Léon Marchand débarque dans un Marine Messe de Fukuoka chauffé à blanc par la présence de Daiya Seto. Dans un instant hors du temps, où le son va monter comme si l'on approchait peu à peu son oreille d'une ruche, Léon Marchand va faire lever les foules nipponnes, puis françaises devant leur écran, en nageant son 400 m 4 nages en 4 minutes, deux secondes et cinquante centièmes : il s'offre le dernier record du monde de Michael Phelps, en lui infligeant au passage 1''34. Un gouffre. Apothéose d'une soirée déjà légendaire, c'est celui qu'il vient de déloger, son idole, qui lui remet sa médaille d'or autour du cou sur le podium, lui soulevant le bras. Comme un dernier passage de témoin à celui qui, plus tard dans ces championnats, conquerra les sacres sur 200 m papillon (1'52''43, record de France) et 200 m 4 nages (1'54''82, record d'Europe). Les médias français et du monde s'emparent du phénomène et l'anonymat n'est plus qu'une chimère pour celui que tout le monde appelle déjà « Léon ».

TYR

« J'étais sûr d'être capable de gagner ce 100 m papillon. Je me sentais très bien en séries et en demi-finale. J'étais en pleine possession de mes moyens, en forme et très confiant. Quand je gagne, j'explose parce que remporter un titre mondial, c'était l'un de mes objectifs lorsque j'ai commencé la natation. C'était une grande fierté de montrer à tout le monde que j'étais capable de le faire. Avant ce titre, je réalisais de bonnes performances, mais il a toujours manqué un petit quelque chose. Le fait de gagner, c'est autre chose. J'étais souriant et confiant tout au long de la journée et j'avais une bonne énergie. Michel [Chrétien] m'a demandé avant la finale de reproduire ma course des demi-finales et de ne pas accélérer. Finalement j'ai fait tout l'inverse [rires]. Plus on avançait et plus il y avait de l'intensité dans la confrontation. Naturellement, je partais plus vite et j'accélérais. On était fiers avec Léon de remporter ces médailles et de représenter la France. J'étais très heureux de partager ça avec lui. On ne pourra jamais m'enlever ce titre de champion du monde. »

**Maxime Grousset**

**Championnats du monde**
Fukuoka (Japon) - Juillet 2023

Souvent placé, pas encore gagnant, Maxime Grousset risquait de devenir le Raymond Poulidor de la natation. Mais le Néo-Calédonien a de la ressource et, surtout, la hargne d'un gladiateur. Ambitieux depuis peu sur 100 m papillon, le protégé de Michel Chrétien s'y aligne avec l'un des meilleurs temps de l'année. Franchissant sans encombre les étapes, il s'affirme plus que jamais en finale où, partant à bloc, personne n'a jamais pu le rattraper. À 24 ans, il conquiert son premier titre mondial sur 100 m papillon (50''14, record de France et cinquième performance de tous les temps), plus libéré que jamais.

FRA
TOMAC

**Championnats d'Europe**
Bucarest (Roumanie)
Décembre 2023

Mewen Tomac est le héros tricolore des championnats d'Europe petit bassin de Bucarest. Auréolé de trois médailles sur les trois épreuves de dos dont deux titres sur 50 et 100 m (bronze sur 200 m), il conquiert enfin les médailles internationales qu'il attendait tant. Et avec la manière.

« Ce que j'ai préféré c'était le 200 m dos parce qu'il y avait du monde dans les gradins. C'est pas mal, ça booste et ça donne envie de se dépasser. Lors de mon premier podium, je ne me rendais pas forcément compte de ce que je venais d'accomplir. Je n'ai pas réussi à vraiment me dire que j'avais gagné. C'est sur celui du 100 m dos où je me suis dit : "Ah OK, j'ai gagné il y a deux jours !" J'ai tendance à dire que j'ai plus savouré la deuxième Marseillaise que la première. J'étais un peu perdu sur la première, je ne savais pas comment gérer les émotions. Je voulais vraiment valider cette première étape-là, de repartir avec au moins une médaille. Et finalement je suis reparti avec quatre [trois individuelles et une en relais], je ne pouvais pas trop rêver mieux. J'ai appris que je suis capable de gagner des médailles au plus haut niveau et que maintenant il faut le faire en grand bassin. Je suis capable de rivaliser avec les meilleurs et de les battre. »

**Mewen Tomac**

FRANCE

# 2024

# LE COURONNEMENT DU ROI LÉON

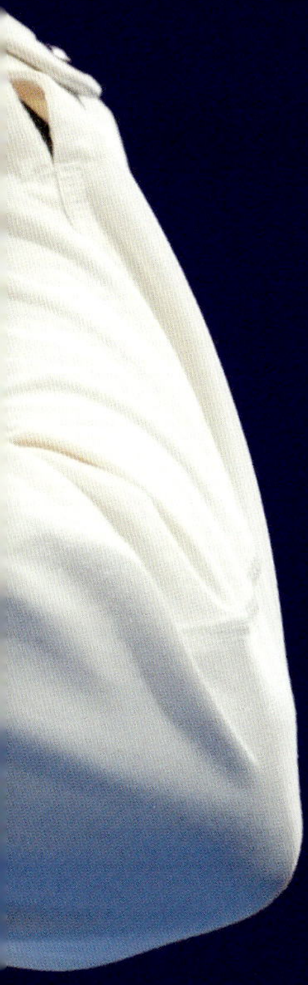

Si les championnats du monde de Doha ont lancé l'année, les Jeux olympiques de Paris marquent 2024 à jamais. Dans le cœur des fans de sport et des Français, en général. Et s'il en est un qui y est pour beaucoup, au-delà des stars internationales en tous genres, c'est Léon Marchand. Arrivé en probable héros des Jeux, il en ressort en superstar, conquérant quatre titres olympiques et offrant à la France la saveur retrouvée d'une médaille en relais. Florent Manaudou, son capitaine et partenaire de médaille du dernier jour, marque aussi l'histoire en remportant, à 33 ans, sa quatrième médaille individuelle consécutive sur 50 m nage libre. Porte-drapeau de la délégation française, Florent voit aussi Anastasiia Kirpichnikova devenir la première Française médaillée sur 1 500 m nage libre, se parant d'argent devant un Paris La Défense Arena en ébullition permanente durant une semaine quasi irréelle.

**Championnats du monde**
Doha (Qatar) - Février 2024

À Doha pour des championnats du monde décalés en raison des reports du Covid et de l'année olympique, les Bleus ne sont pas en nombre, mais toujours avec qualité. Parmi lesquels Mélanie Henique (à gauche) qui, en plus du bronze de David Aubry sur 1 500 m, conquiert au Qatar sa troisième médaille mondiale sur 50 m papillon, la deuxième en argent, treize ans après le bronze de Shanghai, en 2011. Modèle de résilience et d'adaptation, l'Amiénoise, qui fut capitaine des Bleus, est une figure incontestable de la natation française et mondiale.

« C'est drôle, mais je garde surtout des souvenirs du podium et aussi de la réaction d'après-course. On était les trois plus anciennes de la finale sur le podium et c'était plutôt chouette. On en a discuté à l'arrivée avec Sarah [Sjöström]. Un moment vraiment sympa à partager. Même en chambre d'appel, moi qui n'aime pas trop ça d'habitude, je l'ai plutôt bien vécu, parce que certes, il s'agissait des championnats du monde, mais au mois de février et je n'étais pas forcément préparée pour cette compétition. Pour autant, je n'étais pas particulièrement en difficulté physique. J'y suis allée comme je sais faire, avec joie et aussi pour voir ce que ça allait donner. Je mesure petit à petit les choses. Je le vois surtout vis-à-vis des jeunes qui arrivent et qui me demandent un peu plus de conseils par rapport à ce que j'ai vécu. Je me dis : "Ah oui, j'en suis arrivée là." C'est très agréable de pouvoir partager. Treize ans après ça peut paraître fou, une éternité, mais en même temps il s'est passé tellement de choses. »

**Mélanie Henique**

OMEGA

FRANCE

« C'est une émotion très difficile à décrire, c'est incroyable ! Pour un nageur, je pense que c'est très rare de vivre cela. C'est une chance d'être ici, en forme et de performer à mon niveau, tout simplement. J'ai ouvert les yeux, j'ai écouté tout ce qui se passait autour et ça m'a vraiment poussé à faire une belle course et prendre du plaisir. Je ne m'étais pas imaginé ce genre de choses. C'est très dur d'anticiper ce qui va se passer en natation et j'ai bien fait de ne pas prédire. C'était une surprise et j'ai ouvert mon cadeau ce soir. C'est fou et je pense que je vais m'en souvenir longtemps de celle-ci. »

**Léon Marchand**

**Jeux olympiques**
Paris (France) - 28 juillet 2024

Dans une soirée marquée par un certain esprit de féerie – ou de frénésie – dans le Paris La Défense Arena, Léon Marchand conquiert la médaille d'or sur 400 m 4 nages (4'02''95, record olympique). Plus qu'une victoire, c'est là la concrétisation d'un long rêve pour le Toulousain, qui offre à une France déjà sous le charme sa troisième médaille d'or en natation aux Jeux olympiques de Paris 2024.

**Jeux olympiques**
Paris (France) - 31 juillet 2024

Ce soir-là, l'enceinte du Paris La Défense Arena est électrisée dans l'attente de son héros national, Léon Marchand. Sa tentative de doublé 200 m papillon - 200 m brasse est unique, le défi est à la hauteur du talent du champion. Comme en lévitation, le jeune homme bat Kristof Milak, recordman du monde du 200 m papillon, dans une fin de parcours qui restera dans les annales avec une remontée extraordinaire. Plus tard, sur 200 m brasse, il validera son statut de favori et s'offrira ce doublé alors impensable. Dès lors, le nageur passe de « Léon », à « le roi Léon », faisant vibrer toutes les enceintes des Jeux olympiques.

MARCHAND

**Jeux olympiques**
Paris (France) - 2 août 2024

Gagné par une fatigue logique après trois titres olympiques et son doublé papillon-brasse sur une même soirée, Léon Marchand ne flanche toujours pas. Pour conclure en beauté son parcours individuel doré, le nouveau chouchou des Français va remporter le 200 m 4 nages (1'54''06, à six centièmes du record du monde), devenant ainsi le premier Tricolore de l'histoire à décrocher quatre titres individuels au cours des mêmes Jeux olympiques. Dans un Arena en fusion, il peut enfin savourer pleinement, sortant instantanément du bassin et embrasant la foule, rageur, avant de la remercier mains jointes. La communion, jusqu'au bout, entre un jeune homme et un peuple.

« Pour moi, ce n'était même pas possible de réussir ce genre de chose. J'avais quatre chances de remporter une médaille olympique, ce qui était mon rêve, et en plus je l'ai réalisé dès le premier jour. J'avais un défi assez fou à relever, je travaille tous les jours pour ça. Ce n'est pas quelque chose de surprenant, mais le faire quatre fois et devant 17 000 personnes qui scandent mon nom et avec beaucoup de pression sur mes épaules, c'est énorme. Je suis trop fier de tout ça. C'était fou, encore une fois. J'ai beaucoup de choses à dire, mais c'est vrai que le public était encore, bien sûr, au rendez-vous. C'était ma dernière finale individuelle, et je voulais vraiment en profiter. Je me sentais mieux que la veille, plus relâché, et j'avais envie de prendre du plaisir sur ma dernière finale. C'est difficile de décrire le sentiment que j'avais. Je suis quelqu'un de très timide, réservé. Ce n'est pas ma zone de confort. Mais j'ai réussi à vraiment bien m'exprimer dans ma ligne et après j'avais juste envie de laisser exploser ma joie et de kiffer. »

**Léon Marchand**

« Je ne m'attendais pas à avoir autant de public avec moi. Ils ont fait beaucoup de bruit et je me suis approprié cette salle ce soir. Ils m'ont donné beaucoup d'énergie et je voulais juste profiter de cette finale. J'étais excité de vivre ce grand moment. C'est vrai que c'est incroyable. Je suis un homme de finale en fait. Je n'aime pas trop les demi-finales. J'aime être prêt au bon moment. Je suis trop content d'avoir décroché cette médaille dans mon pays, d'avoir reçu une telle ovation, de vivre ce podium. J'avais ma famille dans les tribunes. Mes parents ne m'avaient jamais vu aux Jeux olympiques. Je suis content de ça d'abord. Pouvoir faire vivre ces émotions à mes proches, c'est le plus important. Être champion olympique, c'est super, mais deuxième ou troisième c'est super aussi. Je suis content, je n'avais pas encore eu de médaille de bronze. »

**Florent Manaudou**

**Jeux olympiques**
Paris (France) - 2 août 2024

Attendu comme un héros, il devient une légende. Acclamé, adulé à son entrée en premier sur le bassin du Paris La Défense Arena, Florent Manaudou est dans une autre sphère. Bras écartés dans un cheminement presque papal jusqu'à son plot, c'est comme si rien ne pouvait lui arriver. Puis, alors que les gladiateurs s'apprêtent à monter sur leur piédestal, le porte-drapeau français lance un clapping. Scène surréaliste, à quelques instants de se lancer vers sa quatrième finale olympique consécutive. Comme porté, « Flo » va partir comme un lion, menant même une bonne moitié de course, avant de toucher en troisième position. La lumière s'allume, la salle s'embrase et l'homme réalise. Il vient d'entrer dans l'histoire en remportant une quatrième médaille consécutive sur 50 m nage libre. Sur son nuage, au-dessus des étoiles, il va savourer avec le public, sourire inextricable, le cœur rempli et le sens du devoir accompli.

PARIS 2024

« J'étais choquée. Je ne pouvais pas imaginer que mon rêve se réaliserait aujourd'hui. Je suis deuxième derrière Katie Ledecky ! C'est fou. J'ai eu des difficultés en début d'année et là je suis récompensée. C'est fabuleux. Je vais aller voir ma mère, mes amis, ma famille et profiter. Je vais aussi dire merci à Philippe [Lucas]. Sans lui, je n'aurais pas réussi cette performance. Parfois on est énervés, parfois on ne se parle pas. Mais d'autres fois, on est quand même bien [sourire]. Sans lui je ne serais rien. »

**Anastasiia Kirpichnikova**

**Jeux olympiques**
Paris (France) - 31 juillet 2024

Elle n'y croit pas, c'est merveilleux. Naturalisée française en 2023 après plusieurs années passées dans l'Hexagone à s'entraîner avec Philippe Lucas, Anastasiia Kirpichnikova voulait poursuivre son rêve de médaille olympique avec son pays de cœur. En arrivant à Paris, elle sait que tout un peuple sera derrière elle. Il n'en faut pas plus pour sortir la course de sa vie. Au soir d'un 31 juillet de légende où Léon Marchand s'est offert un doublé historique, elle marque l'histoire de la natation française en prenant la médaille d'argent sur 1 500 m nage libre. Une première pour une athlète tricolore. Cerise sur le gâteau, elle pulvérise son record de France de huit secondes (15'40''35) pour terminer seulement dix secondes derrière l'ovni, Katie Ledecky. Abasourdie et émue, « Ana » se prend le visage dans les mains et réalise à peine ce qui vient de se passer.

PARIS 2024
FRANCE

**Jeux olympiques**
Paris (France) - 4 août 2024

Dans une dream team version 2024 composée de Maxime Grousset, Léon Larchand, Yohann Ndoye Brouard et Florent Manaudou (de gauche à droite ), l'équipe de France va conquérir une médaille en relais à l'occasion du 4 x 100 m 4 nages. Portés par un Maxime Grousset revanchard de ses déceptions en individuel, signant le deuxième chrono de tous les temps sur son 100 m papillon, les Bleus ravissent le public pour cette pénultième course des Jeux. La cerise sur le gâteau pour un Florent Manaudou en larmes avec Maxime Grousset sur le podium, lui qui vit sa première médaille olympique, tout comme Yohann Ndoye Brouard. Pour Léon Marchand, la saveur est tout autre, car il partage cette fois-ci une médaille au nom de l'équipe de France.

« Un de mes objectifs était de remporter une médaille olympique. C'est peut-être pour cette raison que j'ai rencontré des difficultés lors de mes épreuves individuelles. J'ai décidé de repartir de zéro pour le relais et de mettre tout cela de côté. Je n'étais plus dans les mêmes dispositions psychologiques et je voulais tout donner pour l'équipe. On a vécu un moment magnifique. D'autant qu'on a remporté la première médaille de ce relais 4 x 100 m 4 nages dans l'histoire de la natation française aux Jeux olympiques. C'est une immense fierté. J'étais engagé différemment et je n'ai pas ressenti la même chose qu'en individuel. Avant la finale, on était tous d'accord pour dire qu'on était prêts à remporter une médaille. On était très concentrés et on gérait la pression comme on pouvait. C'était beau de réussir ça devant le public français. »

**Maxime Grousset**

**Jeux olympiques**
Paris (France) - 5 août 2024

Devenu une véritable icône durant ces Jeux olympiques, Léon Marchand est célébré, dès le lendemain des épreuves de natation, au Club France. Arrivé en dernier sur la scène de la porte de la Villette après ses compagnons de relais, son porte-drapeau Florent Manaudou et sa compatriote Anastasiia Kirpichnikova, le jeune homme est ovationné par des milliers de Français et peut enfin partager pleinement avec son public. Après une longue journée média et une semaine de compétition éprouvante à bien des égards, Léon Marchand se rend plus que jamais compte de sa nouvelle notoriété, en célébrant avec ses supporters. Le peuple français, en somme. Histoire d'une communion.

**Jeux olympiques**
Paris (France) - 11 août 2024

Choisi par Tony Estanguet pour être le dernier porteur de la flamme olympique, Léon Marchand emmène l'emblème des JO jusqu'au Stade de France. Il éteint ensuite cette flamme pour clôturer les Jeux olympiques de Paris dont il est l'immense star.

UATICS
OMEG

« C'était un objectif pour moi d'être dans la continuité des Jeux et de performer. Je m'étais mise en tête depuis deux, trois ans que je pouvais battre le record du monde du 50 m papillon et 100 m 4 nages, et faire moins de 51'' au 100 m nage libre. Je me suis approchée de tous mes objectifs quelques années plus tard, et ils n'étaient pas petits. Le plus important pour moi était vraiment de prendre du plaisir, comme d'habitude en fait. Surtout que j'ai vécu un changement de vie, peu avant : de coach, d'entraînement, d'endroit. Mais de là à atteindre tous mes objectifs et entrer dans l'histoire de la natation française avec trois médailles en petit bassin, je ne m'y attendais pas. Ma plus grande surprise est quand je touche le mur au 100 m nage libre, je me dis que je ne vais pas regarder le temps, mais déjà la lumière est braquée sur le plot. Et quand je vois deux, je me dis que j'ai battu Kate Douglass qui a déjà fait moins de 50 secondes, je me dis que je l'ai fait. Et quand je vois 50''63, quel bonheur ! Je suis choquée, bouche bée, je ne me suis jamais autant surprise. »

**Béryl Gastaldello**

**Championnats du monde**
Budapest (Hongrie) - Décembre 2024

Tout juste six mois après ses onze courses aux Jeux olympiques, Béryl Gastaldello prend la direction de Budapest pour les championnats du monde en petit bassin. Face à une horde américaine portée par une Gretchen Walsh autrice de neuf records du monde, la nouvelle capitaine de l'équipe de France est largement au niveau avec trois médailles, dont l'argent sur 100 m nage libre avec un record de France explosé (50''63 contre 51''16), tout comme sur 50 m papillon (24''43). Soit les sixièmes meilleures performances de tous les temps. Finalement médaillée de bronze sur 100 m 4 nages, Béryl Gastaldello réalise la plus belle semaine de sa carrière, ce qui lui permet de se projeter avec ambition sur la suite.

FRA
1

# 2025

## UN TRÈS GRAND CRU

Les années post-olympiques ont souvent été celles des pauses et des remises en question. En 2025, il n'en a rien été. Les meilleurs nageurs ont tous fait le déplacement à Singapour pour les championnats du monde. Ils ont été nombreux à faire évoluer leurs habitudes, à l'image de Léon Marchand qui s'est rendu en stage en Australie avant de retrouver son entraîneur Bob Bowman au Texas. Des choix forts, comme se passer des 200 m papillon et brasse, mais payants, qui l'ont vu retrouver ses deux sacres mondiaux sur 200 et 400 m 4 nages, avec un record du monde explosé sur la première épreuve. Cette année est aussi celle de la rédemption de Maxime Grousset, double champion du monde et roi du papillon après la déception individuelle des Jeux olympiques de 2024. C'est aussi l'éclosion, aux Mondiaux de Singapour, de Yohann Ndoye Brouard, qui conquiert ses deux premières médailles individuelles sur 100 et 200 m dos. Cette édition 2025 a été la plus réussie depuis le rendez-vous de Shanghai en 2011. S'ils ont gagné huit médailles à Singapour contre dix en Chine, les Bleus ont obtenu le double de médailles d'or avec quatre sacres.

**Championnats du monde**
Singapour - Juillet 2025

En 1'52''69, Léon Marchand bat, en demi-finale des championnats du monde, le record du monde de Ryan Lochte, datant de 2011 (1'54''00). Après l'avoir manqué pour six centièmes aux Jeux olympiques, le Français met loin derrière lui l'Américain, avec ce que les spécialistes considèrent comme l'une des plus belles courses de l'histoire. Le lendemain, malgré une nuit compliquée, il ira chercher son troisième sacre sur la distance.

« C'est une victoire. Surtout que ce n'est pas simplement un record égalé, c'est presque une seconde et demie de moins. J'ai un peu de mal à croire à ce 1'52 au 200 m 4 nages. Je suis trop content, c'était trop bien. Je me sentais vraiment bien, je ne vais pas mentir. À l'entraînement, je me sentais très bien. Je pense que j'étais vraiment très léger, je prenais beaucoup d'eau, et techniquement, c'était vraiment satisfaisant. Je ressens une explosion de... je ne sais même pas décrire cette émotion. C'est de la surprise et de la joie. De me dire que tous les choix que j'ai faits cette année étaient les bons et aussi de remercier tous les gens qui étaient derrière moi. Je l'avais en tête depuis deux ou trois ans ce record. Cette année je me suis blessé, mais je me suis entraîné tous les jours. Il n'y a pas un moment où je n'étais pas dans l'eau depuis les Jeux. Je ne pensais juste pas que ce record arriverait aussi tôt, c'est tout. C'était une course géniale. J'ai envie de profiter et de prendre le temps de réaliser ce qui vient de se passer. »

**Léon Marchand**

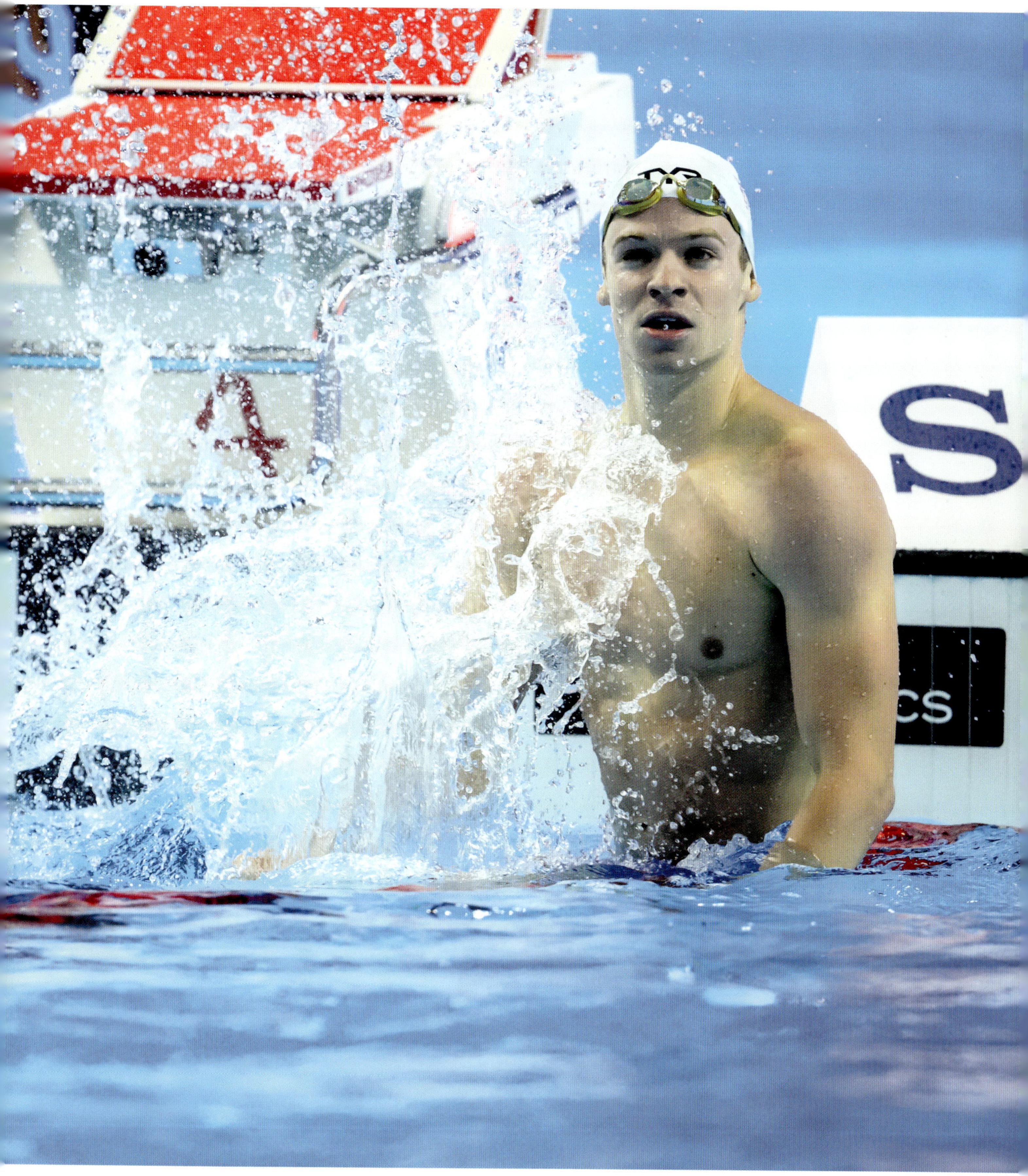
S
CS

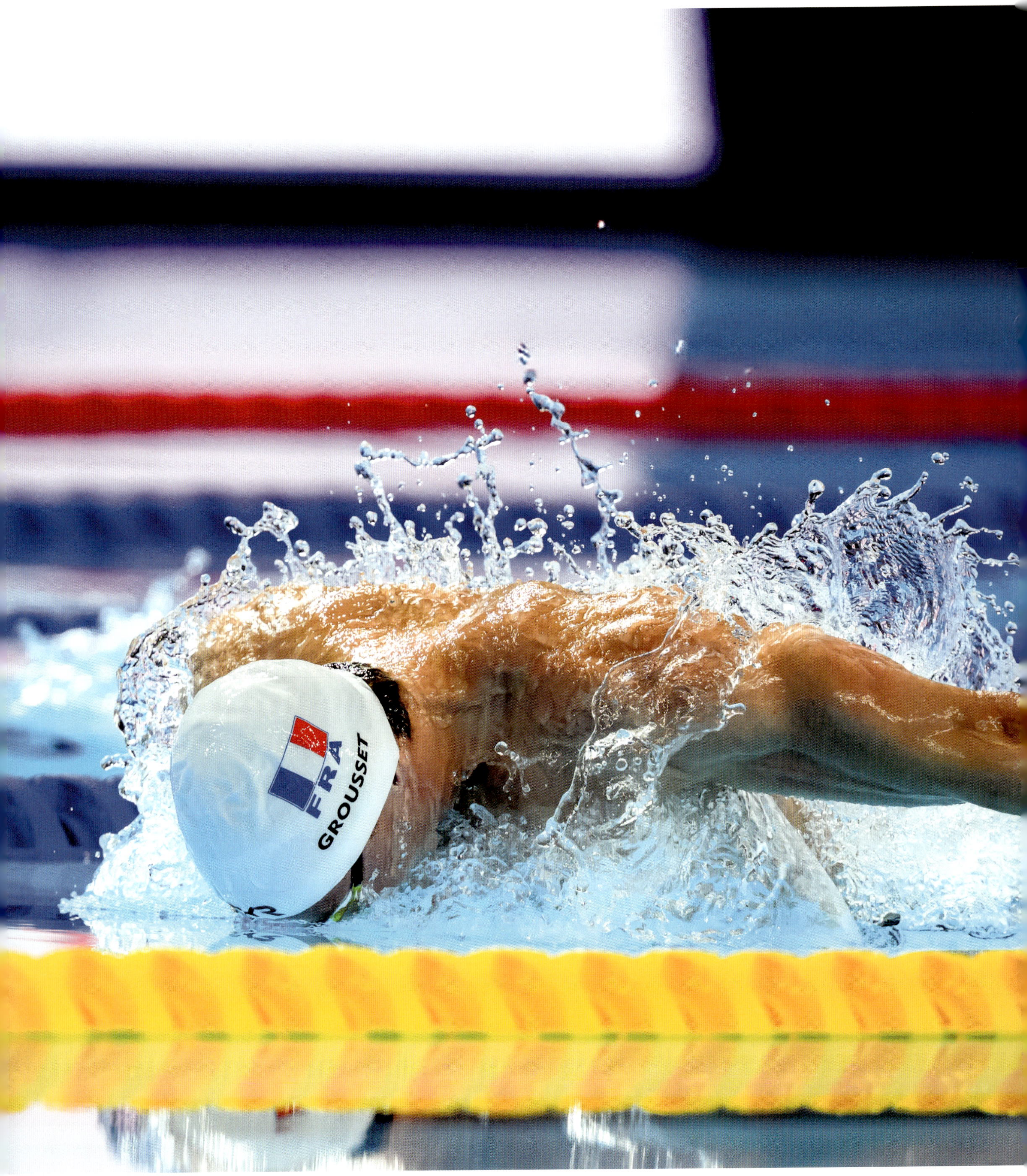
FRA
GROUSSET

« Je voulais frapper un grand coup. Je me sentais vraiment bien, mais quand je me suis levé au matin du 100 m papillon, je me sentais encore mieux. Je me suis bien reposé, j'ai bien dormi, j'étais serein. J'avais envie de réaliser une très belle course et de gagner, et c'est chose faite. C'est fou ce temps. Je voulais un jour casser cette barrière. Je pensais pouvoir nager en 49''9 ou 49''8, mais de là à réussir ce chrono de 49''6, je ne pensais pas et c'est très satisfaisant. Je suis deux fois champion du monde du 100 m papillon, donc j'ai assumé ce statut. Et j'en suis fier. On a fait la course et j'ai gagné. J'étais trop content. Je retiens plein de choses : que je suis un papillonneur déjà, mais que je n'ai pas envie d'abandonner le crawl non plus, parce que j'aime toujours cette discipline. Je retiens aussi que je suis capable de gagner deux fois et que je peux avoir confiance en moi à 100 % sur chaque événement. »

**Maxime Grousset**

**Championnats du monde**
Singapour - Juillet 2025

Déjà champion du monde en début de semaine sur 50 m papillon, Maxime Grousset conquiert ensuite son deuxième sacre mondial sur 100 m papillon, après Fukuoka en 2023. En un temps canon synonyme de record d'Europe (49''62), le Néo-Calédonien montre que c'est lui, le pape du pap'.

« C'est énorme ! J'en parlais avec Florent [Manaudou] aux Jeux : c'est difficile les courses où il ne faut pas aller à fond dès le début. Il faut rester calme, puis accélérer. C'est vraiment ma stratégie de course, laisser partir les autres, attendre le deuxième 50 m. Je sais à quel moment de la course je dois accélérer, mais cela vient quand même assez tard dans le 100 m. C'est dur de rester calme jusqu'à ce moment-là, mais je l'ai fait. J'ai voulu accélérer et ça a fonctionné. Je savais qu'il se passait un truc de fort. J'ai regardé le plot, j'ai vu que c'était allumé et c'est vraiment spécial parce que ça fait trois fois que je regarde ce plot et qu'il est éteint. Pour une fois que je le vois allumé, ça fait vraiment plaisir. J'ai commencé à célébrer dans l'eau, et en me tournant vers le public, j'ai vu tout un clan avec des drapeaux français, je savais que c'était ma famille. Ça fait plaisir parce que je leur donne des émotions. Ma grand-mère, je ne l'aurai pas toute ma vie, je le sais très bien, et elle prend le temps de vivre tous ces moments avec nous. Lui donner des émotions pareilles, c'est quelque chose de très spécial. »

**Yohann Ndoye Brouard**

**Championnats du monde**
Singapour - Juillet 2025

Yohann Ndoye Brouard a gagné ses deux premières médailles mondiales sur 100 et 200 m dos (bronze). Avec deux records de France largement abaissés (51''92 et 1'54''62), l'Annécien a montré que les changements dans sa préparation effectués cette année ont payé. De quoi nourrir de chaudes larmes de fierté.

**Championnats du monde**
Singapour - Juillet 2025

En plus des quatre titres de Léon Marchand et Maxime Grousset, et des deux bronzes de Yohann Ndoye Brouard, les relais ont de nouveau rapporté des médailles aux Bleus. Grâce à ces victoires aux relais 4 x 100 m nage libre mixte (bronze) et 4 x 100 m 4 nages (argent), Maxime Grousset est devenu par la même occasion le nageur français le plus médaillé à des championnats du monde (10). Il était accompagné par Béryl Gastaldello, Marie Wattel et Yann Le Goff en finale du relais 4 x 100 m nage libre mixte. Sur le 4 x 100 m 4 nages, le Néo-Calédonien a partagé la médaille d'argent avec Yohann Ndoye Brouard, Léon Marchand et Yann Le Goff. Avec huit médailles au total, l'équipe de France s'est hissée au troisième rang des nations, derrière les géants américains et australiens. À un an des championnats d'Europe de Paris d'août 2026, les voyants de performance et d'émotions sont au vert.

# « CROYEZ EN VOS RÊVES, NAGEZ AVEC LE CŒUR »

« TOUS ENSEMBLE, NOUS AVONS VÉCU DES MOMENTS FORTS ET JE ME SOUVIENS DE CHAQUE FRISSON, DE CHAQUE REGARD ÉCHANGÉ AVANT UN DÉPART, DE CHAQUE CRI DE JOIE DANS LES TRIBUNES OU AU BORD DU BASSIN. »

Quand je repense à ces années entre 2014 et 2025, je mesure à quel point la natation a façonné ma vie. Ce sport exigeant m'a donné bien plus que des chronos ou des podiums : il m'a appris la persévérance, l'humilité, le goût de l'effort, et m'a offert des émotions inoubliables. Ces dix années ont été marquées par de grandes réussites pour la natation française, et j'ai eu le privilège d'y prendre toute ma part. Après avoir grandi dans l'ombre des exploits des années 2010, j'ai eu la chance d'incarner, avec d'autres nageurs de ma génération, cette transition vers une nouvelle ère. Nous avons pris le relais avec la volonté de poursuivre la dynamique, mais aussi de construire notre propre histoire. Cette période a vu briller des figures comme Laure Manaudou, Camille Muffat, Alain Bernard, Frédérick Bousquet, Yannick Agnel, Fabien Gilot, Jérémy Stravius, Camille Lacourt, Grégory Mallet, et tant d'autres, dont l'héritage a ouvert la voie à toute une génération.

Je garde un souvenir particulier des Jeux olympiques de Tokyo en 2021. J'y ai terminé quatrième du 100 m nage libre, au pied du podium, mais ce résultat a été un véritable déclic. Ce jour-là, j'ai compris que j'étais capable de rivaliser avec les meilleurs et que ma place était bien là.

Un autre tournant important restera les championnats du monde de Fukuoka en 2023. En décrochant l'or sur

100 m papillon, j'ai réalisé le rêve qui m'habitait depuis l'enfance : entendre la Marseillaise résonner pour moi, pour mes proches, pour mon staff et pour la France. C'était l'aboutissement de longues années de travail, de sacrifices et de doutes surmontés. Ces sensations, je les ai retrouvées à Singapour en 2025, en rebond après les Jeux de Paris où je n'avais pas obtenu la médaille individuelle que j'espérais. Ces victoires m'ont rappelé que rien n'est jamais fini tant qu'on continue à croire et à se battre.
Bien sûr, j'ai eu la chance de partager ce parcours avec des champions exceptionnels comme Florent Manaudou, dont le retour a inspiré toute l'équipe, ou encore Léon Marchand, dont les exploits ont repoussé nos limites collectives. Tous ensemble, nous avons vécu des moments forts et je me souviens de chaque frisson, de chaque regard échangé avant un départ, de chaque cri de joie dans les tribunes ou au bord du bassin.
Mais ce qui me touche aujourd'hui, c'est de savoir que j'ai écrit mes propres pages, avec mes victoires, mes défaites, mes combats, et que chacune de mes courses a contribué à l'histoire de la natation française.
Car derrière chaque médaille, il y a eu des matins difficiles, des blessures, des périodes de doute. Et c'est justement dans ces moments-là que j'ai trouvé ma plus grande force : continuer à avancer, m'appuyer sur mon entourage et transformer les épreuves en énergie.
Alors je suis très fier d'avoir apporté ma contribution à cette aventure. Fier de m'être battu à chaque course pour honorer le drapeau français, pour faire vibrer ceux qui nous regardaient et pour montrer que tout est possible à qui s'en donne les moyens.
Et maintenant ? L'histoire continue. D'autres talents émergent, d'autres générations prendront le relais.
À celles et ceux qui rêvent de plonger un jour dans une piscine olympique, je dis : « Ne vous fixez aucune limite. Croyez en vos rêves, nagez avec le cœur, et n'oubliez jamais que l'essentiel se construit loin des projecteurs, dans la constance et la passion. »
J'espère que ce livre inspirera les jeunes générations, car les bassins tricolores ont encore de belles pages à écrire. Merci à vous qui avez suivi notre parcours, et merci à la natation, pour tout ce qu'elle m'a donné.

**Maxime Grousset**

# UNE DÉCENNIE DE SOUVENIRS

Depuis 2017, j'ai la chance et l'immense honneur de présider la Fédération française de natation. Être à la tête de cette magnifique instance m'a permis de vivre des moments magiques, au plus près des acteurs de la natation tricolore. Ce livre retrace une décennie de succès, de déceptions aussi. Mais que serait le sport de haut niveau sans ces moments de doutes, de remises en question ? Toutes ces épreuves qui permettent d'apprécier d'autant plus la joie d'une médaille européenne, mondiale ou olympique. Depuis huit ans maintenant, j'ai pu apprécier les progrès de nos athlètes, de nos entraîneurs, de nos clubs. Tout ce système qui permet à la France de briller dans les plus grandes compétitions de la planète. Pour conclure ce magnifique ouvrage, j'ai décidé de me replonger dans mes souvenirs et de me remémorer cinq moments qui ont marqué mon mandat.

« AUJOURD'HUI, NOUS AVONS LA CHANCE D'AVOIR LÉON, MAIS IL FAUT FAIRE EN SORTE QUE L'ON AIT ENCORE PLUS DE JEUNES DANS LES ÉQUIPES. »

**2017, la dernière de Lacourt**

C'est une équipe de France réduite qui s'envole pour les championnats du monde de Budapest. Neuf nageurs ont répondu aux exigeants critères de sélection mis en place par la Direction technique nationale lors des championnats de France de Strasbourg. Cette équipe est emmenée par Camille Lacourt, le seul rescapé de la génération dorée de la natation tricolore. En arrivant en Hongrie, son objectif est simple : terminer sa carrière en remportant un dernier titre mondial sur son épreuve fétiche du 50 m dos. C'est ce qu'il a réussi à accomplir avec brio, devant sa famille et ses amis, venus assister à ce moment historique et ô combien important pour lui, mais aussi pour la natation française. À l'issue de cette compétition, une page se tourne et les jeunes nageurs tricolores doivent désormais prendre la suite. Les résultats de Mehdy Metella, médaillé de bronze du 100 m nage libre, nous donnent de réels motifs d'espoir.

**2018, les filles prennent les devants**

Depuis quelques années, les médailles sont remportées par le collectif masculin. On me questionne régulièrement sur la disparité de niveau entre les garçons et les filles de notre équipe de France. Les championnats d'Europe de Glasgow en 2018 permettent à nos nageuses d'inverser la tendance. Dès le premier jour, Fantine Lesaffre remporte le titre européen sur 400 m 4 nages avant que le relais 4 x 100 m nage libre ne s'impose lui aussi. Un début en fanfare qui sera suivi du titre de Charlotte Bonnet sur 200 m nage libre. Une véritable consécration pour cette nageuse qui est en équipe de France depuis 2011.

**2021, Manaudou montre la voie**

Après une année 2020 marquée par la pandémie de Covid-19, j'avais appelé de mes vœux un report des Jeux olympiques de Tokyo. C'est la décision qui a été prise pour le bien de tous. Avec un an de plus, certains jeunes nageurs ont pu progresser et se qualifier pour ces JO au Japon, à l'image du jeune et prometteur Léon Marchand. Mais cette équipe de France est conduite par Florent Manaudou, en route pour une troisième médaille

olympique consécutive après l'or en 2012 et l'argent en 2016. Dans un contexte particulier, sans spectateurs, il prend la deuxième place du 50 m nage libre et, à la déception de Rio, succède l'émotion de Tokyo. Son retour est réussi et il emmène dans sa vague cette jeune génération qui ne demande qu'à éclore. Maxime Grousset prend notamment la quatrième place du 100 m nage libre et participe au relais 4 x 100 m nage libre qui termine sixième de la finale. Trois ans avant les Jeux olympiques de Paris, l'optimisme est de mise.

**2022, l'éclosion de Léon Marchand**

Avec une sixième place aux Jeux olympiques sur 400 m 4 nages l'année d'avant, et désormais installé aux États-Unis, Léon Marchand arrive à Budapest pour disputer ses premiers championnats du monde en grand bassin. Déterminé et ambitieux, celui qui s'entraîne avec l'Américain Bob Bowman est engagé sur 200 et 400 m 4 nages et également 200 m papillon. À 20 ans seulement, il remporte deux médailles d'or et une médaille d'argent, et devient notre nouvelle locomotive. Il y a des êtres exceptionnels comme Léon. Dès que vous avez une pépite comme celle-ci, ça crée une émulation en équipe de France. Les autres se disent : c'est faisable. Je suis persuadé que son éclosion profitera aux autres nageurs comme Maxime Grousset ou Yohann Ndoye Brouard, mais également à l'ensemble de notre écosystème.

**2024, Paris gagnant**

Léon Marchand, que l'on a vu sur des podiums mondiaux en 2022 et 2023, est particulièrement attendu lors des JO de Paris. Le staff de l'équipe de France et l'ensemble de la Fédération française de natation ont tout mis en place pour qu'il soit dans les meilleures conditions et qu'il puisse se concentrer uniquement sur ses performances. On peut dire que cela fut une véritable réussite. Quatre courses individuelles au programme, quatre titres olympiques. Une grande première dans l'histoire de notre sport. Les succès de Léon ont, j'en suis certain, beaucoup motivé Anastasiia Kirpichnikova, médaillée d'argent du 1 500 m nage libre et Florent Manaudou, en bronze sur 50 m nage libre. Sans oublier le relais 4 x 100 m 4 nages masculin qui a pris la troisième place. Aujourd'hui, nous avons la chance d'avoir Léon, mais il faut faire en sorte que l'on ait encore plus de jeunes dans les équipes. Il faut savoir proposer des programmes nouveaux pour garder ces jeunes. L'objectif est d'avoir une fédération plus forte. Les résultats des Mondiaux de Singapour prouvent, une fois de plus, que nos nageurs font partie des meilleurs du monde. Ils auront à cœur de le montrer chez eux, à Paris, lors des championnats d'Europe 2026 sur lesquels nous travaillons quotidiennement pour en faire une aussi belle réussite que les JO de 2024.

**Gilles Sézionale**
**Président de la Fédération française de natation**

# TABLEAU DES MÉDAILLES

BASSIN DE 50 MÈTRES

## JEUX OLYMPIQUES

### 2016 | RIO : 2 MÉDAILLES

**ARGENT**

- FLORENT MANAUDOU | 50 M NAGE LIBRE
- RELAIS 4 X 100 M NAGE LIBRE MASCULIN

### 2021 | TOKYO : 1 MÉDAILLE

**ARGENT**

- FLORENT MANAUDOU | 50 M NAGE LIBRE

### 2024 | PARIS : 7 MÉDAILLES

**OR**

- LÉON MARCHAND | 400 ET 200 M 4 NAGES, 200 M BRASSE ET 200 M PAPILLON

**ARGENT**

- ANASTASIIA KIRPICHNIKOVA | 1 500 M NAGE LIBRE

**BRONZE**

### 2019 | GWANGJU : 2 MÉDAILLES

**BRONZE**

- DAVID AUBRY | 800 M NAGE LIBRE
- RELAIS 4 X 100 M NAGE LIBRE MIXTE

### 2022 | BUDAPEST : 8 MÉDAILLES

**OR**

- LÉON MARCHAND | 200 ET 400 M 4 NAGES

**ARGENT**

- MAXIME GROUSSET | 100 M NAGE LIBRE
- MARIE WATTEL | 100 M PAPILLON
- LÉON MARCHAND | 200 M PAPILLON
- MÉLANIE HENIQUE | 50 M PAPILLON

**BRONZE**

- ANALIA PIGRÉE | 50 M DOS
- MAXIME GROUSSET | 50 M NAGE LIBRE

### 2023 | FUKUOKA : 6 MÉDAILLES

**OR**

- LÉON MARCHAND | 200 ET 400 M 4 NAGES ET 200 M PAPILLON
- MAXIME GROUSSET | 100 M PAPILLON

**BRONZE**

- MAXIME GROUSSET | 50 M PAPILLON ET 100 M NAGE LIBRE

### 2024 | DOHA : 2 MÉDAILLES

**ARGENT**

- MÉLANIE HENIQUE | 50 M PAPILLON

**BRONZE**

**BRONZE**

- YANNICK AGNEL | 200 M NAGE LIBRE
- RELAIS 4 X 100 M NAGE LIBRE MIXTE

## 2016 | LONDRES : 9 MÉDAILLES

**OR**

- CAMILLE LACOURT | 50 ET 100 M DOS
- FLORENT MANAUDOU | 50 M NAGE LIBRE
- RELAIS 4 X 100 M NAGE LIBRE MASCULIN

**ARGENT**

- RELAIS 4 X 100 M 4 NAGES MASCULIN

**BRONZE**

- CLÉMENT MIGNON | 100 M NAGE LIBRE
- MEHDY METELLA | 100 M PAPILLON
- CHARLOTTE BONNET | 200 M NAGE LIBRE
- RELAIS 4 X 100 M NAGE LIBRE MIXTE

## 2018 | GLASGOW : 7 MÉDAILLES

**OR**

- FANTINE LESAFFRE | 400 M 4 NAGES
- CHARLOTTE BONNET | 200 M NAGE LIBRE
- RELAIS 4 X 100 M NAGE LIBRE FÉMININ
- RELAIS 4 X 100 M NAGE LIBRE MIXTE

**ARGENT**

- MEHDY METELLA | 100 M PAPILLON

**BRONZE**

- CHARLOTTE BONNET | 100 M NAGE LIBRE
- MEHDY METELLA | 100 M NAGE LIBRE

## 2021 | BUDAPEST : 5 MÉDAILLES

**OR**

- MARIE WATTEL | 100 M PAPILLON

**ARGENT**

- MARIE WATTEL | 100 M NAGE LIBRE
- MÉLANIE HENIQUE | 50 M PAPILLON

**BRONZE**

- YOHANN NDOYE BROUARD | 100 M DOS
- RELAIS 4 X 100 M NAGE LIBRE FÉMININ

## 2022 | ROME : 12 MÉDAILLES

**OR**

- YOHANN NDOYE BROUARD | 200 M DOS
- RELAIS 4 X 100 M NAGE LIBRE MIXTE

**ARGENT**

- CHARLOTTE BONNET | 100 M NAGE LIBRE
- MARIE WATTEL | 50 ET 100 M PAPILLON
- MAXIME GROUSSET | 50 M PAPILLON
- RELAIS 4 X 100 M 4 NAGES FÉMININ
- RELAIS 4 X 100 M 4 NAGES MASCULIN
- RELAIS 4 X 200 M NAGE LIBRE MIXTE

**BRONZE**

- DAMIEN JOLY | 1 500 M NAGE LIBRE
- YOHANN NDOYE BROUARD | 100 M DOS
- RELAIS 4 X 200 M NAGE LIBRE MASCULIN

## 2024 | BELGRADE : 0 MÉDAILLE

PAS DE DÉLÉGATION TRICOLORE SUR CETTE COMPÉTITION

TOTAL : **43 MÉDAILLES**

## REMERCIEMENTS

Jonathan Cohen et Louis Delvinquière tiennent à remercier particulièrement toutes celles et ceux qui ont contribué à la réalisation de cet ouvrage : Gilles Sézionale, Philippe Héraclès, Nathalie Courtois, Laurent Ciubini, Apolline Couratier, Nicolas Menanteau, Sandra Thivin Vanelslande, Tony Estanguet, Xavier Marchand, Carole Bluzat, Sophie Kamoun, Camille Lacourt, Charlotte Bonnet, Marie Wattel, Béryl Gastaldello, Mélanie Henique, Yohann Ndoye Brouard, Bob Bowman, ainsi que Florent Manaudou, Fabien Gilot, Coralie Balmy, Léon Marchand et Maxime Grousset.

## CRÉDITS PHOTOGRAPHIQUES

Toutes les photographies de cet ouvrage
sont signées KMSP/Stéphane Kempinaire, sauf :

P. 4-5, 140-141 : KMSP/Amélie Laurin
P. 8-9, 100-101 : KMSP/Philippe Millereau
P. 56-57, 132-133 : KMSP/Antoine Couvercelle
P. 94-95 : KMSP/Jean-Marie Hervio
P. 124-125, 128-129, 130-131, 136-137 : KMSP/Julien Crosnier
P. 142-143 : KMSP/KMSP
P. 144 à 153, 156 à 159 : KMSP/Lionel Hahn

Photogravure : Les Caméléons, Paris
Achevé d'imprimer en septembre 2025
par Pollina en France
ZI de Chasnais - 85407 Luçon
N° d'édition : M18414/01